Die FehlerHilfe

Das Aktiv-Training gegen typische Fehler

Deutsch

Rechtschreibung 5./6. Schuljahr

Schroedel

Die FehlerHilfe

Rechtschreibung
5./6. Schuljahr

Autorin:
Annet Kowoll hat langjährige Erfahrung als Lehrerin für Deutsch und Bildende Kunst. Als Autorin zahlreicher Lernhilfen vermittelt sie Tipps und Methoden, wie Schülerinnen und Schüler ihre Probleme im Fach Deutsch überwinden können.

Druck [1] / Jahr 2011

Redaktion: Ute Schröder
Kontakt: lernhilfen@schroedel.de
Herstellung: Sandra Grünberg
Umschlaggestaltung und Innenlayout: tiff.any GmbH, Berlin
Illustrationen: Thies Schwarz, Hannover
Satz: imprint, Zusmarshausen
Druck und Bindung: westermann druck GmbH, Braunschweig

ISBN: 978-3-507-**23202**-0

Inhaltsverzeichnis

Vorwort ... 4

1 Groß- und Kleinschreibung — Das kann ich!
- Die Anrede: *Sie* oder *sie*? *Du* oder *du*? ... 5 ... ○
- Nominalisierungen immer groß ... 9 ... ○
- Zeitangaben ... 14 ... ○

2 Getrennt oder zusammen?
- Wortverbindungen aus Nomen und Verben ... 18 ... ○
- Verben in Verbindung mit Verben und Adverbien ... 22 ... ○
- Verbindungen aus Adjektiv und Verb ... 25 ... ○

3 Gleich klingende Vokale
- Der i-Laut: *i*, *ie*, *ih* und *ieh* ... 30 ... ○
- Das Dehnungs-h ... 35 ... ○
- *E* oder *ä*, *eu* oder *äu*? ... 39 ... ○
- Die Doppelvokale *aa*, *ee*, *oo* ... 43 ... ○

4 Gleich klingende Konsonanten
- Die Schreibung von *das* und *dass* ... 46 ... ○
- Die s-Laute ... 50 ... ○
- Konsonanten: *b* oder *p*, *g* oder *k*, *d* oder *t*? ... 54 ... ○
- Die f-Laute: *f*, *ff*, *v*, *ph*, *pf* ... 58 ... ○
- *Z*, *zz* oder *tz*, *k*, *kk* oder *ck*? ... 61 ... ○
- Vor- und Nachsilben: *ent*, *end*, *ig*, *ich* und andere ... 65 ... ○

5 Welches Satzzeichen gehört wohin?
- Die Satzschlusszeichen ... 68 ... ○
- Das Komma zwischen Hauptsätzen ... 72 ... ○
- Das Komma zwischen Haupt- und Nebensatz ... 76 ... ○
- Kommas und Zeichensetzung bei wörtlicher Rede ... 81 ... ○

6 Wie trennt man richtig? ... 85 ... ○

7 Achtung: Fremdwörter! ... 91 ... ○

8 Häufig falsch geschriebene Wörter ... 96 ... ○

Lösungen ... 102

Vorwort

Liebe Schülerin, lieber Schüler,

du möchtest weniger Fehler machen und deine Noten verbessern? Dann ist **Die FehlerHilfe** genau das Richtige für dich! **Die FehlerHilfe** hilft dir, typische Fehler zu vermeiden und so deine Leistungen zu steigern.

Zu jedem wichtigen Thema gibt es ein Kapitel. Jedes Kapitel beginnt mit einem Auszug aus einer Klassenarbeit. Hier siehst du, welche Fehler häufig gemacht werden. Sind in deiner Klassenarbeit ähnliche Fehler angestrichen? Dann solltest du dieses Kapitel auf jeden Fall bearbeiten!

Die Kapitel bestehen aus folgenden Bausteinen:

Regeln	Hier wird leicht verständlich erklärt, welche Regeln du beachten musst, um typische Fehler zu vermeiden.
Übungen	Mithilfe der Übungen kannst du die Regeln aktiv trainieren.
Tipps	Eingestreute Tipps geben dir zusätzliche Hilfestellungen.
Fehler-Check	Am Ende des Kapitels kannst du den Test machen: Alles fehlerfrei?

Die **Lösungen** zu den Übungen und zum Fehler-Check findest du am Ende des Buches.

Und nun kannst du dem Fehlerteufel den Kampf ansagen!

Viel Erfolg wünscht dir
Annet Kowoll

Groß- und Kleinschreibung

Die Anrede: *Sie* oder *sie*? *Du* oder *du*?

Sehr geehrte Frau Dr. Stagemann,

vielen Dank, dass sie sich entschlossen haben, als Tierärztin an unserem Projekttag zum Thema „Hund, Katze und Co." teilzunehmen. I

In ihrem letzten Schreiben teilten sie uns mit, dass sie auch ihre Schäferhündin Lilly mitbringen wollen! Darauf freuen wir uns natürlich schon riesig. Vielleicht wissen sie ja, dass sich aus unserer Klasse mindestens fünf Kinder einen eigenen Hund wünschen. IIII I

Könnten sie in ihrem Vortrag auch noch darauf eingehen, was es bedeutet, sich täglich um einen Hund zu kümmern? II

Wir freuen uns auf sie und ihren Hund. II

Ihre Klasse 5 d

Regeln

1. **In öffentlichen Briefen** werden ...
   die höflichen Anredepronomen ***Sie*** **und** das entsprechende Possessivpronomen ***Ihr*** **bzw.** ***Ihre*** in allen Formen **großgeschrieben.**
   Beispiel: *Bitte rufen Sie uns an. Danke für Ihre E-Mail.*

2. **In privaten Briefen** können ...
   die persönlichen oder vertraulichen Anredepronomen *du, ihr* sowie die entsprechenden Possessivpronomen *dein, deine, euer, eure* **klein- oder großgeschrieben** werden.
   Beispiel: *Lieber Karl, d/Du bist ein toller Freund.*

3. In anderen Texten werden **die Anredepronomen im Allgemeinen kleingeschrieben** (z. B. bei wörtlicher Rede).

Übungen

1 Entscheide, ob diese Briefe privat oder öffentlich sind und setze die richtigen Anredepronomen ein.

Brief 1

Hallo Luca,

toll, dass ______ bald wieder zu mir nach Bremen kommen möchtest! Im letzten Brief hast ______ mir ja geschrieben, dass ______ nun auch ein Skateboard hast. Bei uns gibt es eine tolle Skaterbahn – erinnerst ______ ______ noch an die letzten Ferien? Da haben wir uns dort mit meinen Kumpels getroffen. Bringst ______ bitte auch die neueste CD von Pink mit? Die können wir uns dann ja auf dem MP5-Player anhören.

Wann genau kommt ______ Zug am Hauptbahnhof an? Wenn ______ möchtest, kannst ______ mir auch kurz eine SMS schicken!

Bis bald! Machs gut, ______ Tommy

Brief 2

Sehr geehrter Herr Rektor Wiesenbaum,

wir möchten ______ heute für ______ netten Worte zu unserem Sportfest danken! Gern würden wir ____ Angebot annehmen und auf dem Sportplatz ______ Schule trainieren.

In ______ Rede haben ______ uns auch versprochen, dass wir uns alle auf neue Trikots freuen dürfen, denn ______ haben gute Verbindungen zur Firma „Technodrom“. Vielleicht könnten wir uns dazu nochmals bei ______ melden, um die Farben und Aufdrucke abzustimmen. Toll, dass _____

sich für unsere Sportler einsetzen!

Vielen Dank für ________ Hilfe!

Mit freundlichen Grüßen
i.V. Max Müller, 1. Vorsitzender der
SV Eintracht

2 Entscheide, ob es sich bei diesen Ausschnitten um private Briefe oder eher um nicht private, also öffentliche Briefe handelt. Setze die richtigen Anredepronomen ein.

a) Hallo Tessa,

schön, dass ______ mich in den Ferien besuchen kommen möch-

test! Dann können wir das neue Kinocenter besuchen, von dem

ich ______ im letzten Brief berichtet habe. Denkst ______ bitte

daran, __________ Inliner mitzunehmen!

b) In ________ letzten Telefonat teilten ______ mit, dass ______ für

den neuen Spielplatz an der Schule spenden möchten. Das finden

wir von __________ sehr nett!

c) Hast ______ etwa vergessen, dass wir gestern verabredet waren?

Leider bist ______ nicht zum Treffpunkt am Marktplatz gekommen.

Rufst ______ mich kurz zurück, was los ist? Bis bald!

______ Freundin Karo

Tipp Achte in offiziellen Briefen besonders auf den Unterschied zwischen dem **Anredepronomen *Sie*** und dem **Personalpronomen *sie***.

Fehler-Check

Setze die passenden Pronomen (Anredepronomen, Possessivpronomen, Personalpronomen) ein.
Wenn du besonders gründlich arbeiten willst, schreibe die Briefe ab.

Sehr geehrter Herr Meier,

da _ie uns als Züchter von Sennenhunden empfohlen worden sind, möchte ich _ie hiermit fragen, wann ich mit meinen Eltern einmal bei _hnen vorbeikommen darf, um mir die Hunde anzusehen. Bitte schlagen _ie uns einen Termin vor, der _hnen passt. Meine Eltern sind berufstätig, daher hätten _ie am besten am Wochenende Zeit. Wenn _ie möchten, können _ie _ie telefonisch erreichen unter 02920 / 3434.

Vielen Dank, dass _ie sich bald melden werden!

Mit besten Grüßen

_hre Mara Bremer und Eltern

Liebe Oma,

heute möchte ich _ir meinen größten Wunsch schreiben! Kannst _u _ir vielleicht denken, was das sein könnte? Ich wünsche mir zum Geburtstag einen Hund! Weißt _u noch, wie ich mich immer um _einen Hund gekümmert habe, als _u verreist warst? Bitte, Oma, helfe mir, Mama und Papa zu überzeugen! Ich habe _ich ganz doll lieb! Danke für _eine Hilfe!

_eine Mara

___ Fehler	0 – 2 Fehler Super!	3 – 7 Fehler In Ordnung!	mehr als 7 Fehler Bitte noch einmal üben!

Nominalisierungen immer groß

Über das denken und fühlen von Pflanzen II
Es gibt kaum etwas schöneres als einen Waldspaziergang im Frühling. I
Doch woher wissen Schneeglöckchen, Tulpen, Narzissen und Co., dass
nun endlich die Zeit des erwachens und des Neubeginns des Lebens I
gekommen ist? Forscher finden immer mehr Hinweise darauf, dass
Pflanzen durch denken und fühlen bestimmen, wann sie ihr wachsen III
beginnen. Durch zusammentragen jahrelanger Forschungsergebnisse I
stellten sie fest, dass Pflanzen in einem engen Netzwerk von Informa-
tionen leben. Ein Beispiel ist das freisetzen von Lockstoffen, um I
Schlupfwespen anzulocken, wenn sie von Raupen befallen sind.
Dieses freisetzen lockt die Wespen scharenweise an, welche sich I
sofort an das töten der Raupen machen. I

Regeln

Unter Nominalisierung von Verben und Adjektiven versteht man, dass diese im Satz wie Nomen (Substantive) gebraucht werden. **Nominalisierte Verben und Adjektive** werden immer großgeschrieben. Man erkennt sie an den Wörtern, die sie begleiten können. Dazu zählen:

- Artikel *(der, die, das; ein, eine, ein)*
  Beispiel: *laufen – das Laufen*
  Wir laufen schnell. Durch das Laufen sind wir fit.
- Präposition + Artikel *(am, zum, durchs, aufs, ins)*
  Beispiel: *neu – aufs Neue*
  Das Auto ist neu. Ich treffe dich aufs Neue.

- Mengen- und Zahlwörter *(wenig, manches, alles, nichts, viel, etwas)*
  Beispiel: *gut – etwas Gutes*
  Der Tag verläuft gut. Du erzählst etwas Gutes.
- Pronomen *(euer, mein, ihr, dieses, jenes, welches)*
  Beispiel: *lachen – euer Lachen*
  Wir lachen gern. Dein Lachen steckt an.
- Adjektive *(schön, rund, neu, dumm)*
  Beispiel: *schön – schönes Singen*
  Ihr singt gern. Euer Singen ist schön.

Übungen

1 Bilde Sätze, in denen eine Nominalisierung enthalten ist.
Verwende die genannten Wörter und schreibe ins Heft.
Beispiel: *Theo bekommt ständig etwas Neues geschenkt.*

Begleitwörter	Adjektive	Begleitwörter	Verben
alles	groß	im	sitzen
~~etwas~~	~~neu~~	zum	schwimmen
wenig	dumm	beim	zeichnen
nichts	gut	der/die/das	laufen

Tipp Manchmal fehlt der Begleiter (Artikel, Pronomen ...) vor dem nominalisierten Verb. Wenn du ihn in Gedanken ergänzen kannst, kannst du sicher sein, dass es sich um eine Nominalisierung handelt.
Beispiel: *Da (das) Laufen sehr gesund ist, joggt Till täglich eine Stunde.* → *Nominalisierung*
Aber: *Da (–) laufen sie!* → *Verb*

2 Groß oder klein? Streiche die falsche Schreibweise durch.

a) Blütennektar wird von Pflanzen zum Anlocken/anlocken von Tieren verwendet.
b) Die Angelockten/angelockten Tiere tragen so zum Verbreiten/verbreiten der Pollen und Samen bei.
c) Sie helfen damit den Pflanzen beim Fortpflanzen/fortpflanzen ihrer Eigenen/eigenen Art.
d) Bienen helfen durch häufiges Anfliegen/anfliegen der Blüten und das Abnehmen/abnehmen der Pollen den Pflanzen beim Befruchten/befruchten.

3 Markiere nur die Nominalisierungen und unterstreiche deren Begleitwörter!
Beispiel: *Beim Einkaufen von Blumenzwiebeln musst du darauf achten, dass die Zwiebeln eine feste Schale besitzen.*

Frühlingsblumen selber großziehen

Zum Züchten von Frühlingsblumen braucht man eine Kiste

Aussaaterde. Das Einsetzen der Zwiebeln in die Erde ist einfach:

Setze die Spitze der Zwiebel nach unten. So kannst du das Ausbilden

der Wurzeln fördern. Während des Wachsens solltest du die Zwiebel leicht angießen.
Durch vorsichtiges Düngen erreichst du ein vorschnelles Blühen deiner Tulpen oder Narzissen. Du kannst die Zwiebel nach dem Verblühen der Pflanzen auf den Kompost legen. Wenn das Laub trocken ist, kann es abgeschnitten werden. Durch erneutes Einsetzen der Zwiebeln in die Erde erreicht man ein erneutes Blühen.

4 Was passt zusammen? Übertrage die Tabelle ins Heft und ordne möglichst viele Beispiele in die Tabelle ein.

der ▪ die ▪ das ▪ ein ▪ eine ▪ lang ▪ weit ▪ leise ▪ gut ▪ auf ▪ an ▪ ins ▪ werfen ▪ groß ▪ schreiben ▪ gut ▪ beim ▪ klagen ▪ hell ▪ schlafen ▪ dumm ▪ zur ▪ kochen ▪ schön ▪ essen ▪ alt ▪ vor ▪ arbeiten ▪ fein ▪ berichten ▪ neu ▪ mein ▪ dieses jenes ▪ wenig ▪ viel ▪ etwas ▪ nichts ▪ kein ▪ alles

Begleiter + nominalisiertes Verb	**Begleiter + nominalisiertes Adjektiv**
das leise Klagen	*nichts Gutes*

Fehler-Check

Achte auf die Nominalisierungen und unterstreiche diese im Text. Schreibe den Text dann in der richtigen Schreibweise ins Heft ab.

WIE PFLANZEN IHR BLÜHEN BESTIMMEN

DIE ENTSCHEIDUNG, MIT DEM BLÜHEN ZU BEGINNEN, IST FÜR JEDE PFLANZE RISKANT. DIE BLÜTEN BENÖTIGEN ENERGIE UND WENN NOCHMALS MINUSGRADE KOMMEN, KÖNNTE DAS DIE PFLANZE DAS LEBEN KOSTEN. PFLANZEN HABEN DAHER EIN GENIALES VERFAHREN. SIE MESSEN NICHT NUR DIE TEMPERATUR UND DAS LICHT, SONDERN AUCH DIE TAGESLÄNGE.

SOMIT KÖNNEN DIE ERSTEN WÄRMEREN SONNENSTRAHLEN IM JANUAR KEINE PFLANZE DAZU BEWEGEN, EIN SCHNELLES WACHSEN IN GANG ZU SETZEN.

AUCH PFLANZEN ÜBEN SICH IM SPEICHERN VON NÜTZLICHEN INFORMATIONEN. DAS SO GEWONNENE WISSEN WIRD AN DIE PFLANZENNACHKÖMMLINGE WEITERGEGEBEN.

☐ Fehler	0 – 2 Fehler Super!	3 – 4 Fehler In Ordnung!	mehr als 4 Fehler Bitte noch einmal üben!

Zeitangaben

Die Klassenfahrt der 5 a

Am nächsten montagmorgen treffen sich alle Schüler der Klasse 5 a am Bushalteplatz. Von dort werden sie bereits sehr früh mit dem Bus an die Nordsee fahren. Gestern nachmittag haben sich Lara und Betty in der Stadt getroffen, um noch ein paar schicke Klamotten für die Disco zu kaufen, die jeden dienstagabend in der Jugendherberge stattfindet. Die Jungen wollen sich Freitagnachmittags ebenfalls am Einkaufscenter treffen. Sie planen, jeden nachmittag Fussball zu spielen. Deswegen brauchen Tom und Jonah noch neue Fußballschuhe. In der Nähe der Jugendherberge gibt es auch ein Hallenbad, das jeden abend von 18.00 bis 21.00 Uhr geöffnet hat. Die Rückreise ist für den kommenden freitag geplant.

Regeln

1. Zeitangaben schreibt **man groß, wenn diese als Nomen verwendet werden.** Dann steht vor den Zeitangaben oft ein Begleiter.
   Beispiel: *der Abend, am Nachmittag, zum Mittwochnachmittag*
2. Tageszeiten, vor denen Adverben wie *heute, morgen, gestern ...* stehen, schreibt man groß.
   Beispiel: *gestern Morgen, heute Abend, morgen Mittag*
3. Zeitangaben **in Form eines Adverbs** und welche **im Wortinneren oder Wortende ein** *s* haben, schreibt man **klein.**
   Beispiel: *morgen, abends, heute, dienstagsmittags, samstagabends, früh, sonntagmorgens*

Tipp Wenn vor Zeitangaben Begleiter stehen oder stehen können, schreibt man diese groß. Mache also die **Einsetzprobe**, wenn du unsicher bist, wie eine Zeitangabe geschrieben wird, vor der kein Begleiter steht.
Beispiel: *Bis (zum) Montag sind es nur noch drei Tage.*
Wir freuen uns auf (–) morgen Abend.

Übungen

1 Ergänze die Tabelle.

kleingeschrieben	großgeschrieben
abends	______
______	*der Morgen*
mittwochs	______
donnerstagsmorgens	______
______	*am Vormittag*
nachts	______
freitagnachmittags	______
______	*am Sonntagmorgen*

2 Entscheide, ob groß- oder kleingeschrieben wird.
Umkreise die richtige Lösung.

a) Wir treffen uns D / d onnerstagmittags am Eingang des Zoos.

b) Tim geht jeden M / m ontagabend zum Volleyballtraining.

c) Am schönsten findet Jana es, wenn sie den S / s amstagabend mit ihren Eltern verbringen kann.

d) Können wir uns M / m ittwochs zum Laufen treffen?

e) Am D / d ienstagmorgen fährt er mit der U-Bahn zum Museum.

f) Sein Vater liest M / m orgens als erstes die Zeitung und trinkt dazu Kaffee.

g) Kais Mutter geht jeden M / m orgen joggen.

3 Bilde mit jeder Zeitangabe einen Satz.

montags	**heute Abend**
mittwochabends	**jeden Samstagmittag**
dienstagmorgens	**am Freitagmorgen**
sonntags	**zum Sonntagabend**
mittags	**der Montagnachmittag**

Fehler-Check

Entscheide, ob die fehlenden Zeitangaben groß- oder kleingeschrieben werden. Notiere hinter jede Zeitangabe die passende Regel.

Kathrin und Lena wollen ______________________________ (AM KOMMENDEN MONTAG) mit den Eltern in die Türkei fliegen. (Regel ☐) Deshalb überlegten sie ______________________________ (GESTERN ABEND), was bis dahin noch alles zu erledigen ist. (Regel ☐) Kathrin ruft: „Denke daran, dass Oma und Opa ______________________________ (AM NÄCHSTEN SAMSTAG) kommen. (Regel ☐) Wir müssen sie ______________________________ (MORGEN ABEND) wegen der Ankunft des Zuges anrufen. (Regel ☐) ______________________________ (KOMMENDEN FREITAG) ist es dafür zu spät.“ (Regel ☐)

Lena antwortet: „Du hast doch ______________________________ (MITTWOCHS) deinen Yoga-Kurs. Hast du den schon abgesagt?“ (Regel ☐) Kathrin meint: „Das erledige ich ______________________________ (HEUTE ABEND) (Regel ☐). Am besten werde ich ______________________________ (MORGEN IN DER FRÜHE) für Opa und Oma eine lange Liste schreiben. (Regel ☐) Lass uns außerdem ______________________________ (HEUTE ABEND) noch besprechen, was wir alles in die Koffer packen!“ (Regel ☐)

☐ **Fehler**

0 – 3 Fehler
Super!

4 – 6 Fehler
In Ordnung!

mehr als 6 Fehler
Bitte noch einmal üben!

2 Getrennt oder zusammen?

Wortverbindungen aus Nomen und Verben

Sport treiben ist gesund I
Egal, ob du Radfährst, eisläufst, skatest oder schwimmengehst, wichtig II
ist die körperliche Bewegung. Das Auto fahren ist also nicht immer die I
gesündeste Fortbewegung.

Regeln

1. Verbindungen aus einem Nomen (Substantiv) und einem Verb schreibt man **getrennt**, wenn die **Betonung auf beiden Wörtern** liegt und so beide Wörter als eigenständig angesehen werden.
   Beispiel: *Rad fahren, Urlaub machen, Inliner fahren, Sport treiben*
2. Verbindungen aus einem Nomen und einem Verb schreibt man **zusammen**, wenn das Nomen in Verbindung mit dem Verb seine Eigenständigkeit verloren hat und ein **feststehender neuer Ausdruck** entstanden ist.
   Beispiel: *eislaufen, teilhaben, kopfstehen, handhaben*
3. Verbindungen aus einem Nomen und einem Verb **können getrennt oder zusammengeschrieben** werden, wenn sie **wie ein Adjektiv gebraucht** werden.
   Beispiel: *die Ski laufende Schülerin / die skilaufende Schülerin, der allein Erziehende / der Alleinerziehende*
4. Werden Verbindungen aus Nomen und Verb **nominalisiert/substantiviert** (d. h. als Nomen/Substantiv gebraucht), schreibt man sie **immer zusammen und groß**!
   Beispiel: *Wir wollen auf dem zugefrorenen See Schlittschuh laufen, denn das Schlittschuhlaufen macht uns Spaß!*

Übungen

1 Bilde die passende Verbindung aus Nomen und Verb und schreibe diese in einem Satz in dein Heft.
Beispiel: *Fußball spielen: Wir werden heute Nachmittag um 15 Uhr Fußball spielen.*

Fußball	Haare	Zimmer	waschen	spielen
Hosen	Hand	Rad	fahren	laufen
Würstchen	Eis	Auto	bürsten	tapezieren
Zaun	grillen	streichen	fahren	haben

Tipp Bei der Erkennung von Nominalisierungen hilft dir die **Artikelprobe:** Prüfe, ob man einen Artikel oder einen Begleiter vor Verb + Nomen setzen kann.
Beispiel: *Tennis spielen ist toll. (???) → Das Tennisspielen ist toll.*

2 Streiche die falsche Schreibweise durch.

a) Das Radfahren / Rad fahren durch den Park ist toll!
b) Beim Fußballspielen / Fußball spielen hat sich David am Bein verletzt.
c) Tina nimmt zum Geschirrabwaschen / Geschirr abwaschen immer ein hautfreundliches Spülmittel.
d) Wir wollen das Essenkochen / Essen kochen.
e) Das Essenkochen / Essen kochen für die Eltern macht uns Spaß.
f) Jana verdient sich durch das Rasenmähen / Rasen mähen etwas Taschengeld.
g) Das Blumenpflücken / Blumen pflücken im Park ist nicht erlaubt.
h) Wir wollen dieses Teil haben / teilhaben.
i) Zum Abkühlen muss die Marmelade auf dem kopfstehen / Kopf stehen.

3 Bilde aus den eingeklammerten Wörtern Formulierungen und notiere jeden Satz in der richtigen Schreibweise ins Heft.

a) Frau Meier hofft, in der neuen Firma (Fuß / fassen) zu können.
b) Wenn das deine Eltern sehen, werden sie (Kopf / stehen)!
c) Das ewige (Angst / haben) bringt dich auch nicht voran, im Gegenteil!
d) Das (Ski / laufen) hat sie während der Klassenfahrt gelernt.
e) Beim Sportfest zeigte Kai, wie toll er (Kopf / stehen) kann.
f) Vor der Schwimmprüfung brauchst du absolut keine (Angst / haben).

4 Bilde Nominalisierungen und verwende diese in Sätzen.
Beispiel: *Durch häufiges Rollschuhfahren hat Tom sehr abgenommen.*
Rollschuhe fahren / Fahrrad fahren / Trampolin springen / Rat suchen / Kakao trinken / Pizza essen / Tisch decken / Auto fahren / Bücher lesen

Tipp Ein Verb kann als Grundwort **untrennbare (feste) Zusammensetzungen** mit anderen Wörtern (z. B. Nomen, Präpositionen) bilden. Das Verb ist dann untrennbar, wenn die Wortbestandteile in **allen Zeitformen** in der **gleichen Reihenfolge** stehen.
Beispiel:

1. Nomen + Verb = Verb	*2. Präposition + Verb = Verb*
Infinitiv: Maß + regeln = maßregeln	*um + fahren = umfahren*
Präsens: Sie maßregelt ihn.	*Er umfährt das Hindernis.*
Präteritum: Sie maßregelte ihn.	*Er umfuhr das Hindernis.*
Perfekt: Sie hat ihn gemaßregelt.	*Er hat es umfahren.*

5 a) Getrennt oder zusammen? Finde jeweils zwei Wörter, die eine Verbindung mit einem Verb ergeben, und schreibe ins Heft.
Beispiel: *lang + weilen = langweilen*

Schluss	Lob	regeln	preisen	folgern
Maß	Antwort	Rat	geben	suchen

Fehler-Check

Bilde mit den genannten Wortkombinationen Schlagzeilen für eine Zeitung.

Dienst – tuend / Energie – sparend / Gewinn – bringend / Aufsehen – erregend / Not – leidend / Erholung – suchend / Nerven – zerfetzend / Hilfe – suchend / Eis – laufen/ Teil – haben / Rad – fahren / Kopf – stehen

a) Jubel nach Eurovisionssieg: Hannover wird ____________________

b) Endlich ____________________ Glühbirne auf dem Markt

c) Hilfe für ____________________ Kinder in Afrika

d) ____________________ Geschäfte mit Russen geplatzt

e) Großes ____________________ Szenen im neuen Kinofilm

f) ____________________ Polizist von Rockern erschossen

g) Ein Idyll für ____________________ Touristen!

h) Das ____________________ WM-Qualifikationsspiel fand statt

i) ____________________ Obdachloser verprügelt

j) Kinder wollen ____________________ und brechen im zugefrorenen See ein

k) Arbeitnehmer wollen an Unternehmensgewinnen ____________________

l) Ausflüge auf zwei Rädern: ____________________ wird immer beliebter

☐ Fehler	0 – 2 Fehler Super!	3 – 6 Fehler In Ordnung!	mehr als 6 Fehler Bitte noch einmal üben!

Verben in Verbindung mit Verben und Adverbien

Bewegungsmangel nimmt zu

Das Spazieren gehen ist inzwischen aus der Mode gekommen.

Das Kennen lernen neuer Freizeitaktivitäten steht im Vordergrund.

In der Schule aber wollen Schüler in keinem Fall sitzen bleiben.

Regeln

1. Verbindungen aus Verb und Verb werden **meist getrennt** geschrieben. Beide Verben werden dann gleich betont.
   Beispiel: *kochen lernen, schwimmen gehen, spazieren gehen, kennen lernen (auch: kennenlernen), etwas bleiben lassen*

2. Verbindungen mit Verben dürfen **zusammengeschrieben** werden, wenn der zweite Bestandteil aus den Verben „bleiben" oder „lassen" besteht und eine **übertragene Bedeutung** vorhanden ist. Meist wird in diesem Fall **der erste Teil des Wortes stärker betont**. Mithilfe der Zusammenschreibung wird das Wort von der wortwörtlichen Bedeutung abgegrenzt.
   Beispiel: *auf dem Stuhl sitzen bleiben – in der Schule sitzenbleiben*

3. Verbindungen aus Verb + Verb, bei denen der **erste Bestandteil ein Partizip** ist, werden **meist getrennt** geschrieben.
   Beispiel: *getrennt schreiben, gefangen nehmen*

4. **Nominalisierungen (Substantivierungen)** aus Verb und Verb bzw. Partizip und Verb werden **immer zusammengeschrieben.**
   Beispiel: *das Getrenntschreiben, das Spazierengehen*

5. **Verbindungen mit „sein"** werden **als Verb getrennt** geschrieben. Aber auch hier werden Nominalisierungen zusammengeschrieben.
   Beispiel: *da sein, dabei sein; das Dasein, das Dabeisein*

Übungen

1 Getrennt oder zusammen? Schreibe die Verben richtig auf.

a) Wenn dich jemand nicht mag, solltest du ihn links ______________________ . (liegen / lassen)

b) Tessa strengt sich in Mathe an, denn sie will nicht ______________________ . (sitzen / bleiben)

c) Wollen wir heute mit den anderen aus der Klasse ______________________ ? (spielen / gehen)

d) Der Nachbar sollte nicht ständig den Motor seines Autos ______________________ . (laufen / lassen)

e) In dem dichten Gedränge war das ______________________ (kennen / lernen) neuer Gäste nicht einfach.

f) Er hat seinen langjährigen Freund ______________________ (fallen / lassen), ohne mit der Wimper zu zucken.

g) Als die Straßenbahn plötzlich ruckartig anfuhr, hat er seine Tüte mit Äpfeln ______________________ (fallen / lassen).

h) Der Aktenstapel wuchs. Sein Kollege hatte viele Anfragen vor dem Urlaub einfach ______________________ (liegen / lassen).

i) Die Regeln für das ______________________ sind jetzt verständlich geworden. (getrennt / schreiben)

2 Bilde im Heft je einen Satz mit Verbindungen mit dem Verb sein.
Beispiel: *In zwei Wochen wird Till von der Klassenfahrt* ***zurück sein****.*

außer sich sein / da sein / fertig sein / vorbei sein / gesund sein / erledigt sein / los sein / gekocht sein

Fehler-Check

Entscheide, ob die Verben getrennt oder zusammengeschrieben werden. Achte bei Nominalisierungen auf die Großschreibung.

a) Das ______________________________ in der Schule kann zu Ärger mit den Eltern führen. (sitzen / bleiben)

b) Du solltest deinen kleinen Bruder ______________________________. (schlafen / lassen)

c) Beim ______________________________ begegneten uns viele Bekannte. (spazieren / gehen)

d) Zum richtigen Urlaub gehört das ______________________________ fremder Gewohnheiten. (kennen / lernen)

e) Du solltest deine Freundin nicht links ______________________________. (liegen / lassen)

f) Manchem fällt das ______________________________ älterer Menschen nach wie vor schwer. (achten / lernen)

g) Er will immer für seine Freunde ______________________________. (da / sein)

h) Das ______________________________ (da / sein) hat auch seine Schattenseiten.

☐ **Fehler**	**0 – 2 Fehler** Super!	**3 – 4 Fehler** In Ordnung!	**mehr als 4 Fehler** Bitte noch einmal üben!

Verbindungen aus Adjektiv und Verb

Bloß keine Bettruhe

Als der Arzt ihn krank schreiben wollte, wollte er sich krank lachen, ||
denn er konnte wirklich nicht kürzer treten. Aber mit dem Arzt konnte |
er zum Glück freisprechen. |

Regeln

1. Verbindungen aus einem Adjektiv und einem Verb werden **getrennt** geschrieben, wenn das **Adjektiv steigerbar** ist.
   Beispiel: *frei leben, mündig sprechen, schnell laufen, schief gehen*
2. Verbindungen aus einem Adjektiv und einem Verb werden **zusammengeschrieben,** wenn eine **neue Bedeutung** entsteht. Eine Steigerung des Adjektivs ist in diesem Fall sinnlos.
   Beispiel: *sich kranklachen, etwas kürzertreten, sich langweilen, (den Angeklagten) freisprechen, schiefgehen (misslingen)*

Tipp

Achte bei Verbindungen aus Adjektiv und Verb auf die **Aussprache**. Wird die Verbindung wie ein Wort gesprochen, schreibt man diese zusammen.
Werden beide Wörter betont, werden sie als eigenständige Wörter gesehen und getrennt geschrieben.
Beispiel: *Tom wird die Arbeit gut schreiben.*
(= eine gute Note erhalten)
Dann werden seine Eltern ihm ein Extra-Taschengeld gutschreiben. (= auf sein Sparbuch überweisen)

Übungen

1 Bilde im Heft aus zwei Wörtern ein zusammengesetztes Verb.
Beispiel: *lang + weilen = langweilen*

um	lieb	sprechen	voll	gehen	unter	weilen
hin	hinter	bringen	stellen	wider	äugeln	gehen
lang	sehen	fahren	graben	weg		

2 Prüfe, ob die Ausdrücke in Klammern getrennt oder zusammengeschrieben werden. Notiere sie richtig.

a) Mario meint, dass er Freitag ______________________ will. (blau / machen)

b) Er möchte endlich mal wieder __________________________. (lange / schlafen)

c) Seinen Eltern will er ____________________, dass er Kopf- und Ohrenschmerzen hat. (weis / machen)

d) Das dürfte ihm nicht ______________________ (schwer / fallen), denn er kann ________________________. (gut / schauspielern)

e) Der Arzt wird ihn ________________________.(krank / schreiben)

f) Dann kann Mario den ganzen Tag __________________________ oder am PC spielen. (fern / sehen)

g) Falls das Vorhaben jedoch ____________________ (schief / geht), würde er sich garantiert ___________________. (schwarz / ärgern)

h) Plötzlich fällt ihm ein, dass nachmittags das Skater-Treffen ___________________ wird. (statt / finden)

Vielleicht sollte er seinen Plan noch einmal überdenken.

3 Entscheide, ob zusammengeschrieben oder getrennt geschrieben wird.

Beispiel:

schwarz sehen
- *Du solltest positiver denken und nicht alles schwarzsehen.*
- *In der Geisterbahn konnten wir nur Schwarz sehen.*

a) frei + sprechen
- Kannst du das Gedicht ______________________________?
- Der Richter wird den Angeklagten ______________________.

b) leicht + fallen
- Wenn du unvorsichtig kletterst, wirst du ______________________.
- Nach jahrelangem Training wird ihm der Wettkampf ______________________.

c) sicher + gehen
- Wir konnten ______________________, dass wir die Prüfung bestehen werden.
- Leider konnten wir auf der vielbefahrenen Straße nicht ______________________ und mussten einen Umweg machen.

4 Entscheide, ob die Verbindungen a) bis i) trennbar oder untrennbar sind. Streiche die falsche Schreibweise durch.

a) Wir müssen dies unbedingt geheim halten / geheimhalten.
b) Will man alles richtig schreiben / richtigschreiben, muss man Regel mäßig / regelmäßig üben.
c) Wenn man mit Bus oder Bahn schwarz fährt / schwarzfährt, muss man ein Bußgeld bezahlen.

d) Bald wird es mit unserer Fußballmannschaft aufwärts gehen / aufwärtsgehen.
e) Anka wird es nach dieser Trainingsform leicht fallen / leichtfallen, den Wettkampf zu gewinnen / zugewinnen.
f) Sie müssen den Brief erst frei machen / freimachen.
g) Die Geiseln sind nach sechs Wochen endlich freigekauft / frei gekauft worden.
h) Sie wird ihren Vortrag auf der Konferenz freihalten / frei halten.
i) Könntest du mir einen Platz freihalten / frei halten.

5 Lasse dir die Sätze aus Aufgabe 3 nach einer Pause noch einmal diktieren. Schreibe sie korrekt in dein Heft.

Tipp

Verbindungen aus Verben mit Adverbien können j**e nach Bedeutung als Zusammensetzung oder getrennt** geschrieben werden. Bei den Wortgruppen werden in der Regel beide Wörter betont. Bei den Zusammensetzungen liegt die Betonung meist auf dem Adverb und das Wort hat eine etwas erweiterte Bedeutung.
Beispiel:
zusammen + halten = gemeinsam halten, zusammenhalten
Der Korb ist zu schwer. Wir müssen ihn zusammen halten.
Die Freunde wollen auch in der neuen Klasse zusammenhalten.

6 Verbinde acht Wörter aus dem linken Feld mit einem passenden Verb aus dem rechten Feld. Schreibe dann je zwei Beispielsätze in dein Heft.

Adverbien		**Verben**		
zusammen-	umher-	geben	fahren	sehen
herunter-	drauflos-	führen	gehen	kommen
hinaus-	über-	laufen	stellen	biegen
weg-	zu-	werfen	treten	brechen

Fehler-Check

Entscheide, ob getrennt oder zusammengeschrieben wird. Verbinde die Wortteile durch einen Bogen oder setze einen senkrechten Trennungsstrich in die Lücke.

a) Am Wochenende lieb äugelte er mit seiner ersten Radtour. Er konnte sich sicher sein, dass die Sonne scheinen würde. Doch gerade wegen des Ausflugsverkehrs konnte er sich auf den Straßen nicht immer sicher fühlen, sondern musste eine Strecke mit Radwegen auswählen.

b) In ihrem Kopf hatte sich in den vergangenen Tagen Unmut breit gemacht. Sie wünschte sich, im Urlaub zu sein. Das Warten bis zu den Ferien würde ihr schwer fallen. Sie konnte sich allerdings nicht ganz davon frei sprechen, dieser Situation zugestimmt zu haben. Ihre Kollegin war schwer gefallen, hatte sich mehrere Rippen und das Bein gebrochen, und anstatt endlich blau zu machen, musste sie ihren Urlaub um mehrere Wochen verschieben. Immerhin wurden ihr die Stornierungsgebühren von ihrer Firma gut geschrieben.

☐ Fehler

0 – 2 Fehler	3 – 5 Fehler	mehr als 5 Fehler
Super!	In Ordnung!	Bitte noch einmal üben!

3 Gleich klingende Vokale

Der i-Laut: *i, ie, ih* und *ieh*

Aufstig in die Lese-Liega II
Wer vihl list, ist niecht nur gut in Rechtschreibung, sondern auch III
gebieldeter als andere. Auch die Phantasieh wird durch das Lesen II
ienteressanter Bücher gefördert. Man erhält Tipps, Iedeen und II
Hienweise für das Schreiben eigener Texte. Jeder kann, genauso wie I
beim Sport, durch täglieches Lesen seine Leseleistung trainihren, II
um in die Lese-Liega aufzusteigen. I

Regeln

Den i-Laut kann man ganz unterschiedlich schreiben: *i, ie, ih* oder *ieh*. Folgende Regeln helfen dir dabei, ihn richtig zu schreiben:

1. Der **lang gesprochene i-Laut** wird **häufig *ie*** geschrieben.
   Beispiel: *die Liebe, der Riese, ziemlich, das Ziel, er fiel, viel, wieder*

2. In einigen Wörtern wird der lang gesprochene i-Laut **mit einfachem *i*** geschrieben, vor allem **bei Wörtern aus Fremdsprachen**. Diese Wörter musst du einfach auswendig lernen.
   Beispiel: *die Apfelsine, der Liter, die Vitamine, das Augenlid, das Krokodil, der Ski, die Bundesliga, die Idee, das Virus, die Goldmine;* auch: *wider* im Sinne von *gegen* (siehe Seite 100)

3. Nur **in wenigen Wörtern** wird der lang gesprochene i-Laut ***ih* oder *ieh*** geschrieben.
   Beispiel: *ihr, ihm, ihnen, ihn (Pronomen)*
   das Vieh, es zieht (zie-hen), sie sieht (se-hen), er flieht (flie-hen)

Übungen

1 a) Bilde aus dem Wortstern mindestens sieben Verben mit *ie*.
b) Suche zu jedem Verb das verwandte Nomen.
c) Verwende sieben Verben und Nomen in je einem Satz. Schreibe ins Heft.

Beispiel: *frieren – das Gefrieren*
Die Krokodile in Ägypten brauchen nie zu frieren.
Im Gefrierfach haben wir immer Eis.

Wortstern: **ie** — fl, fen, ~~fr~~, s, sch, ren, ver, g, ßen, gen, ben, ~~ren~~, ßen, san, l, r

Verb

____

____

____

____

____

____

____

____

2 Finde in der Worttruhe unten Reimwörter. Schreibe diese ins Heft. Achte dabei auf die Schreibung des i-Lautes.
Beispiel: *lieb – gib*

biegen	fliegen	Hiebe	gießen	Bier
kriechen	~~lieb~~	~~gib~~	Diebe	Vieh
schießen	Kiefer	Knie	mir	vermiesen
riechen	Sieb	Hieb	Riesen	Schiefer

3 Schreibe zu den Nomen, die aus anderen Sprachen stammen, das passende Verb auf.
Beispiel: *der Spaziergang – spazieren*

~~der Spaziergang~~	die Rasur	die Kontrolle	der Export
die Diskussion	die Ruine	der Radiergummi	das Studium
der Applaus	das Referat	die Inspektion	das Training

4 Achtung: Teekesselchen! Ergänze die fehlenden i-Laute. Die Schreibung der Teekesselchen kann übrigens unterschiedlich sein.

a) Wir singen gemeinsam ein L__d.

b) Sein Augenl__d ist entzündet.

c) Der St__l der Musik ist angenehm.

d) Der Besenst__l ist zerbrochen.

e) Grippe ist durch V__ren übertragbar.

f) Wir V__r z__en um d__ ganze Welt.

g) In der Goldm__ne besteht Einsturzgefahr.

h) Z__h doch nicht so eine M__ne!

5 Ergänze die Wörter in der Tabelle. Schreibe die Präteritum-Form auf.

	schlafen	**stoßen**	**laufen**	**fallen**	**steigen**
ich					*stieg*
du					
er/sie/es		stieß			
wir					
ihr			lieft		
sie					

6 Löse das Worträtsel. Schreibe die Tiernamen mit *i* richtig auf.

a) Welches Tier lebt am Nil?

das ______

b) Welches Tier zernagt Baumstämme?

der ______

c) Wer ist gefährlich und ziemlich groß?

der ______

d) Wer frisst am liebsten Katzenfutter und Äpfel?

der ______

e) Wer lebt in einem unterirdischen Bau?

das ______

f) Welcher Vogel heißt wie eine Obstsorte?

der ______

7 Berichtige den Fehlertext von Seite 30, indem du ihn mit den richtigen i-Lauten in dein Heft schreibst.

Fehler-Check

Ergänze den richtigen i-Laut: *i, ie, ih* oder *ieh?*

Krokod__le l__ben ein pr__ma Kl__ma

Krokod__le können __re Körpertemperatur n__cht von __nnen regeln. S__ verbr__ngen den größten Teil des Tages dam__t, s__ch entweder abzukühlen oder s__ch aufzuwärmen. Nach einem kühleren Bad zum Beisp__l muss s__ch das Krokod__l erst einmal w__der in d__ Sonne legen. Es l__gt dort stundenlang. Leider s__nd bereits s__bzehn von zweiundzwanz__g Krokod__larten vom Aussterben bedroht. Ähnl__ch w__ die T__ger wurden s__ rücks__chtslos gejagt und getötet. V__le Länder haben nun gez__lt geregelt, w__ v__le T__re im Jahr gejagt werden dürfen. In manchen Reg__onen der Welt stehen s__ sogar unter Naturschutz.

____ **Fehler**	**0 – 5 Fehler** Super!	**6 – 13 Fehler** In Ordnung!	**mehr als 13 Fehler** Bitte noch einmal üben!

Das Dehnungs-h

Die Farrad–Fart one Gefahr II
Am Freitag treffen wir uns um 16.00 Uhr am Banhof. Wir, die Klasse I
6 a, wollen mit unserem Leerer Herrn Wilke eine Rahd-Tour zu den II
Windmülen am Hahfen unternemen. Dort werden wir uns anseen, wie III
das Kohrn zu Mel gemalen wird. Damit die Tour ungefärlich verläuft, IIII
wird jeder einen Helm trahgen. I

Regeln

Das **Dehnungs-h** steht **nur nach einem lang gesprochenen Vokal**. Wenn du nicht weißt, wann es geschrieben wird, helfen folgende Regeln:

1. Ein **langer, betonter Vokal *(a, e, i, o, u)*** kann auch mit einem Dehnungs-h gekennzeichnet werden. Das Dehnungs-h wird oft geschrieben, wenn *l*, *m*, *n* oder *r* folgt.
   Beispiel: *das Mahl, zahm, der Kahn, fahren*
2. Wenn im **Wortstamm** ein Dehnungs-h geschrieben wird, dann ist das auch bei allen anderen Wörtern der Wortfamilie der Fall.
   Beispiel: *fahren – Fahrrad, Autofahrer, Ausflugsfahrt, Fahrbahn*
3. Durch die **Verlängerungsprobe** lässt sich testen, ob man ein Dehnungs-h schreiben muss.
   Beispiel: *ich geh – wir gehen, du mähst – wir mähen, oh weh! – oh wehe!*

Tipp | Präge dir durch ständiges Schreiben wichtige Wörter ein, die mit dem Dehnungs-h geschrieben werden.
Beispiel: *die Fahrt, der Rahmen, die Zahl, die Ahnung*

Übungen

1 a) Ordne die Wörter unten in die Tabelle ein.
b) Bilde mit jedem Wort einen Satz. Schreibe ins Heft.
Beispiel: *Wir wählen bald den Klassensprecher.*

~~wählen~~	Zahl	vermehren	kahl	bohren
nehmen	Ohr	Mehl	belohnen	Höhle
verhöhnen	fahren	Bühne	Ruhm	Rahmen
zahm	Zahn	Lohn	Rohr	lahm

Dehnungs-h

vor l	vor m	vor n	vor r

2 Notiere zu jedem Wort jeweils fünf weitere aus der Wortfamilie.
Beispiel: *fahren – gefahren, Fahrer, Fahrkarte, Gefahr, fahrtauglich*

die Zahl   der Lohn   der Befehl   die Höhle   das Rohr

3 Setze die richtigen Buchstaben ein.

a) Der Müller m___lt das Me___l in der M___le. (a/ah) (e/eh) (ü/üh)

b) Der M___ler m___lt ein Porträt einer ber___mten Person. (a/ah) (a/ah) (ü/üh)

c) Die Schneiderin n___t den Saum des G___rockes zu. (ä/äh) (e/eh)

d) Die M___lzeit im Restaurant schmeckte vorz___glich. (a/ah) (ü/üh)

e) In der H___le s___en wir viele interessante Gesteine. (ö/öh) (a/ah)

f) Auf der B___ne des Theaters tr___ten bekannte Darsteller auf. (ü/üh) (e/eh)

Tipp Unterscheide das Silben trennende *h* vom Dehnungs-h!
Im Gegensatz zum Dehnungs-h kann man das Silben trennende *h* beim deutlichen Sprechen hören, z. B. bei der Infinitivendung einiger Verben.
Beispiel: *dre-hen, se-hen, ge-hen*

4 a) Schreibe zu jeder Verbform den Infinitiv auf und trenne nach Silben.
b) Spreche die Wörter laut und betone dabei die Silben.
Beispiel: *sie geht – ge-hen*

er näht – ______________	sie führt – ______________
es sieht – ______________	er weht – ______________
es glüht – ______________	er verleiht – ______________
sie verzeiht – ______________	er mäht – ______________
du stehst – ______________	es blüht – ______________

5 a) Suche in dem Wörterchaos unten 17 Wörter mit Dehnungs-h. Schreibe sie untereinander ins Heft.
b) Suche zu jedem Wort eine sinnvolle Wortverlängerung oder eine verwandte Wortart.
c) Sprich jedes Wort laut aus und betone dabei die Silben so, als wolltest du das Wort trennen.
Beispiel: *die Re-he, ge-he, mä-he*

FEHLENOHNEMAHLWÄHLENMEHLREHNEHMENSEHEN

GEHENREIHEBOHNEWEIHEWAHRBAHREÄHNLICHNAHRUNGRUHIG

Fehler-Check

Mit oder ohne Dehnungs-h? Setze die richtigen Buchstaben ein:
***a/ah, ä/äh, e/eh, i/ih, o/oh, ö/öh, u/uh* oder *ü/üh*.**

Eine ungew___nliche Ba___nf___rt

In der Eifel k___men am verg___ngenen Wochenende Eisenb___n-Fans auf ___re Kosten. Im R___hmen eines Dampflokspektakels wurden die alten B___nen, welche mit K___le beheizt werden, in ___rer ganzen Pr___cht gezeigt. P___nktlich um 10 ___r h___rte man bereits aus weiter Ferne das Pfeifen der alten Dampfb___nen. Z___lreiche Bes___cher k___men, um die B___nen nicht nur zu bestaunen.
Viele Leute f___ren m___t den alten „D___men“ und genossen das angen___m___ Gef___l, wie vor über 60 J___ren. Die F___rgäste wurden mit viel schwarzem R___ß und lautem Get___se w___rend der F___rt bel___nt. Ein Genuss fürs Auge und fürs ___r waren die ankommenden und wieder abf___renden Loks.
Man s___ überall nur str___lende Gesichter!

☐ **Fehler**	**0 – 6 Fehler** Super!	**7 – 16 Fehler** In Ordnung!	**mehr als 16 Fehler** Bitte noch einmal üben!

E oder *ä*, *eu* oder *äu*?

Piepmätze in Gefahr

Viele Vögel suchen sich in den Streuchern und Beumen heimischer II

Gerten ihre Nistpletze. Doch diese Orte sind gefehrdet, denn Katzen III

sind unterwegs. Man kann den Piepmetzen helfen, indem man an I

höheren Beumen Nistkesten aufhengt. III

Regeln

Wenn *ä* und *e* oder *äu* und *eu* in einem Wort kurz gesprochen werden, klingen sie genau gleich. Doch wann schreibt man welchen Laut?

1. **Wörter mit *ä*** lassen sich **oft von Wörtern mit *a*** ableiten. Gibt es in der Wortfamilie ein verwandtes Wort mit einem *a* oder *au*, schreibt man *ä* oder *äu*.
   Beispiel: *der Garten – der Gärtner, gärtnern*
   der Baum – die Bäume, aufbäumen

2. Wenn es in der Wortfamilie **kein verwandtes Wort mit *a* oder *au*** gibt, schreibt man **fast immer *e* oder *eu***.
   Beispiel: *freundlich, der Freund, befreundet, freuen*

3. Einige Wörter mit *ä* oder dem Umlaut *äu* lassen sich nicht durch verwandte Wörter erklären. Diese Wörter muss man sich einprägen.
   Beispiel:
   ä: rückwärts, der Bär, grässlich, sägen, schräg, das Geländer
   äu: die Säule, das Knäuel, sich sträuben, sich räuspern

Tipp | Beim Wort *aufwendig* sind seit der Rechtschreibreform 2006 zwei Schreibweisen möglich: ***aufwändig*** (von Aufwand) oder ***aufwendig*** (von aufwenden). Der Duden bevorzugt letztere.

Übungen

1 a) Suche zu jedem Wort mit *ä* das verwandte a-Wort, zu jedem Wort mit *äu* das verwandte au-Wort.
b) Bilde mit fünf Wörtern je einen Satz. Schreibe ins Heft.
Beispiel: *Wir wählen den neuen Klassensprecher.*

ä-Wörter	a-Wörter
verändern	~~Wahl~~
Länge	Naht
~~wählen~~	klar
Bäcker	warm
Erkältung	Garten
Gepäck	lang
Kästen	backen
Wärme	packen
ergänzen	kalt
erklären	anders
Gärtner	Kasten
Näherin	ganz

äu-Wörter	au-Wörter
Säure	Zaun
äußerlich	sauer
du läufst	Strauch
Bäuerin	außen
Säugling	laufen
träumen	Haupt
Häuptling	Traum
Verkäufer	saugen
häufig	verkaufen
Sträucher	Haufen
Zäune	Bauer

2 a) Bilde zu jeder Pluralform unten den Singular.
b) Notiere zu zehn Wörtern mindestens drei Wortverwandte im Heft.
Beispiel: *das Kraut: das Unkraut, verkrautet, der Kräutergarten*

die Kräuter – *Kraut*	die Kräfte – ______
die Häute – ______	die Ämter – ______
die Plätze – ______	die Läden – ______
die Mäntel – ______	die Bänke – ______
die Äste – ______	die Pläne – ______
die Nägel – ______	die Gärten – ______
die Fächer – ______	die Länge – ______

3 Ergänze die Wortstämme: *ä, äu* oder *e, eu*?

a) Der Adler be___gt seine B___te.

b) Die B___erin s___gt das K___lbchen mit der Milchflasche.

c) Wenn es h___te regnet, wird Jonas sich ___rgern.

d) Tats___chlich haben auch Tiere ein gutes Ged___chtnis.

e) Das R___tsel besch___ftigte ihn noch in seinen Tr___men.

f) Es ist gebr___chlich, sich vor dem Essen die H___nde zu s___bern.

4 a) Was gehört zusammen? Bilde mit den Wortsilben Wörter im Heft.
Beispiel: *Ge-spräch – das Gespräch*
b) Lasse dir eine Auswahl an Wörtern diktieren.
Vergleiche, ob du sie richtig geschrieben hast.

Lärm	Schnauze	er	schen
Pegel	gräss	lich	Knäuel
Hunde	weg	suse	krä
Blatt	häss	räumen	säu
Heul	räusch	Säge	sich sträu
Län	sich täu	ger	~~spräch~~
lich	Garn	hen	bem
~~Ge~~	ben	Ge	ge

Fehler-Check

Setze *ä, äu* oder *e, eu* richtig ein.

N___her als jeder andere

Die Rauchschwalbe ist den M___nchen n___her als jeder andere Wildvogel. Ohne Furcht zieht sie in die St___lle und Geb___de ein und baut hier ihr N___st.
Schwalben g___lten dem M___nschen als „Glücksboten“.
Früher glaubte man fest daran, dass Schwalben die H___ser vor F___er schützen.
In Hessen soll ein Turmw___chter die Ankunft der ersten Schwalbe mit dem Hornbl___ser angekündigt haben. Die Rauchschwalbe n___nnt man übrigens auch Bauernschwalbe, denn sie nistet am liebsten in Kuhst___llen. Sie h___lt ihrem N___st j___hrlich die Tr___e. Nur in der Wahl des Partners sind Schwalben weniger tr___!

___ **Fehler**	**0 – 3 Fehler** Super!	**4 – 9 Fehler** In Ordnung!	**mehr als 9 Fehler** Bitte noch einmal üben!

Die Doppelvokale *aa, ee, oo*

Drei Wünsche

Vor langer, langer Zeit, als Wünschen noch geholfen hat, lebte einmal eine Feh in einem tiefen, dunklen Seh. Von dieser hörte die kleine Nele II
und begab sich deswegen in den Wald und das Mohr. Sie rief: „Zeig I
dich, liebe Feh! Ich möchte mir gern etwas wünschen!" Da tauchte I
plötzlich eine Mehrjungfrau mit langem wallenden Har auf ... II

Regeln

Warum schreibt man lang gesprochene Vokale als Doppelvokale *aa, oo* oder *ee*? Folgende Regeln helfen dir bei der Orientierung:

1. Nur **in wenigen Wörtern** schreibt man die lang ausgesprochenen Vokale (Selbstlaute) *a, e* und *o* als *aa, ee* oder *oo*. Dieser Vorgang heißt **Vokalverdopplung.**
   Beispiel: *Moor, Boot, Waage, das Maar (trichterförmiger Vulkan)*
2. Doppelvokale schreibt man im Deutschen nur bei Nomen und deren (oft adjektivischen) Ableitungen.
   Beispiel: *der Aal, aalglatt, sich aalen, Aalsuppe*
3. Viele Wörter englischer Herkunft schreibt man mit dem Doppelvokal *oo*.
   Beispiel: *der Pool, der Looping, der Boom, cool*

Übungen

1 Suche zu jedem Wort das passende Reimwort. Schreibe ins Heft.
Beispiel: *Fee – Klee*

Saal ~~Fee~~ leer Aal Teer Paar Speer ~~Klee~~ Heer Haar

2 Suche zu jedem Nomen drei Wortverwandte. Notiere sie im Heft.
Beispiel: *der Zoo: zoologisch, Zoodirektor, der Zoologe*

der Teer der Kaffee die Waage das Beet

das Moor die Idee die Saat die Beere

3 Übertrage die Tabelle ins Heft. Ordne die Substantive mit Begleiter ein.

aa	ee	oo

Kaff___, P___r, F___, S___, Z___, B___t, H___r, ___l, St___t, S___l,

Schn___, Kl___, M___r, Sp___r, M___s, B___t, B___re, W___ge

4 a) Korrigiere die falsch geschriebenen Wörter unten.
b) Formuliere im Heft zu jedem Wort einen Satz.
Beispiele: *eFe – Fee: Die Fee lebt auf dem Grunde des Sees.*

eFe	*Fee*	osoM	______	rHaa	______
tBoo	______	oZo	______	elde	______
aarP	______	ereBe	______	Sceehn	______

5 Notiere die Fremdwörter englischer Herkunft (ggf. mit Wörterbuch).

Wie bezeichnet man ein exklusives Schwimmbecken? P___l

Wie wollen viele Jugendliche sein? c___

Womit wäscht man sich die Haare? Sh___

Fehler-Check

Setze die richtige Schreibweise für die lang gesprochenen Vokale ein:
***a/ah/aa, o/oh/oo* oder *e/eh/ee*.**

S__enswertes in der Eifel

Die Eifel hat n__ben vielen Burgen und Schlössern auch noch andere S__enswürdigkeiten zu bieten: die z__lreichen S__n, M__re (a-Laut) sowie M__re (o-Laut).
Die M__re (a-Laut) prägen das Landsch__ftsbild der Vulk__neifel. Sie sind erloschene Vulk__ne, die sich im Verlauf der Erdgeschichte mit Wasser gefüllt haben. Es gibt M__re, die eine Tiefe von über 100 M__tern erreichen.
Im Hintergrund eines M__rs (a-Laut) befindet sich oft eine vulkanisch geprägte M__rlandschaft (o-Laut). Das größte M__r ist das H__e Venn, ein sogenanntes Hochm__r. Man kann es als B__sucher auf Holzst__gen erkunden. Dort soll es ang__blich noch Waldf__n geben, die in N__belnächten auf Kl__wiesen herumg__en, ihr Spiegelbild in den einsamen Vulkans__n betrachten und am frühen Morgen auf Fischer in ihren B__ten warten.

☐ **Fehler**	**0 – 5 Fehler** Super!	**6 – 12 Fehler** In Ordnung!	**mehr als 12 Fehler** Bitte noch einmal üben!

4 Gleich klingende Konsonanten

Die Schreibung von *das* und *dass*

Die Reise nach Südfrankreich

Es ist das erste Mal, das Luisa mit ihren Eltern nach Südfrankreich verreist. Ihr Vater hat im Internet ein Ferienhaus gefunden, dass sich direkt am Meer befindet und preislich erschwinglich ist.

„Dass ist eine tolle Landschaft!", jubelt Luisa, als sie das Haus auf dem Foto direkt am weißen Sandstrand sieht.

„Ich finde, dass ist ein Volltreffer!", meint Luisas Mutter und lächelt ebenfalls zufrieden. Dass Ferienhaus, dass einen blau-weißen Anstrich hat, ist von einer rot blühenden Oleanderhecke umgeben. In der Nähe befindet sich zudem ein Dorf, dass durch seine Ockersteinbrüche berühmt geworden ist.

Regeln

1. Das Wort ***das*** schreibt man **mit *s***, wenn es im Satz als
   - **Artikel** (das Heft, das Auto, das Kind),
   - **Relativpronomen** (... das Heft, das dir gehört ...) oder
   - **Demonstrativpronomen** (... das Auto dort, ist rot ...) steht.

   Man schreibt *das*, wenn man das Wort durch *dieses*, *jenes* oder *welches* ersetzen kann.
   Beispiel: *Das T-Shirt, das/welches sie trägt, das gefällt mir.*

2. Das Wort ***dass*** schreibt man **mit *ss***, wenn es als **Konjunktion** (Bindewort) einen Nebensatz einleitet. Die Konjunktion *dass* kann nicht durch *dieses, jenes* oder *welches* ersetzt werden.
   Beispiel: *Ich finde, dass du nie richtig zuhörst.*

Übungen

1 Entscheide, ob du das Relativpronomen *das* (Regel 1) oder die Konjunktion *dass* (Regel 2) einsetzen musst.

a) Die neuen Nachbarn sind so fleißig, da___ wir nur staunen können. (Regel ___)

b) Das Kind, da___ heute zu spät in die Schule gekommen ist, hat den Bus verpasst. (Regel ___)

c) Katja und Tom meinen, da___ wir uns heute Abend am Kino treffen könnten. (Regel ___)

d) Er beschließt, da___ (Regel ___) wir keine Hausaufgaben aufbekommen, da wir da___ (Regel ___), was wir im Unterricht behandelt haben, gut verstanden haben.

e) Wir laufen mit unseren Eltern auf dem Maar, da___ gestern fürs Eislaufen freigegeben wurde. (Regel ___)

f) Tina liest neuerdings ein Buch, da___ ich ihr bereits vor einem Jahr geschenkt habe. (Regel ___)

g) Der Hund bellt so laut, da___ wir schnell zur Haustür laufen, um zu sehen, was da los ist. (Regel ___)

h) Tim hat zum elften Geburtstag das Fahrrad bekommen, da___ er sich schon so lange gewünscht hat. (Regel ___)

2 *Dass* oder *das*?
Bilde zusammengesetzte Sätze. Entscheide, ob du den Nebensatz mit der Konjunktion *dass* (Regel 2) oder mit dem Relativpronomen *das* (Regel 1) einleiten musst. Denke außerdem an das Komma zwischen Haupt- und Nebensatz sowie an die veränderte Satzform.

a) Ich lese das Buch. Papa hat es mir empfohlen. (Regel 1)

Ich lese das Buch, das Papa mir empfohlen hat.

b) Wir besuchen das Mädchen. Das Mädchen ist neu in unserer Schule. (Regel ___) ______________________

____

c) Die Freunde warten so lange. Sie werden unruhig. (Regel ___)

____

____

d) Lara erinnert sich daran. Er hat sie gewarnt. (Regel ___)

____

____

e) Jannik glaubt an das Versprechen. Er hat es ihm gegeben. (Regel ___) ______________________

____

f) Findet das Versteck. Wir haben es im letzten Sommer zusammen gebaut. (Regel ___) ______________________

____

g) Wahrscheinlich kann es passieren. Marita kommt etwas später zum Training. (Regel ___) ______________________

____

Fehler-Check

Setze im folgenden Text *das* oder *dass* ein. Überprüfe deine Entscheidung jedes Mal mit der Ersatzprobe *(dieses, jenes, welches)*. Unterstreiche den Artikel gelb, das Relativpronomen rot und das Demonstrativpronomen grün.

Frühlingsboten

Weidenkätzchen sind die ersten, flauschigen Frühlingsboten der Natur. Sie blühen ab Anfang März, da___ bedeutet, da___ die Honigbienen endlich eine rettende Nahrungsquelle haben. Und da___ ist besonders wichtig, da 80% aller Pflanzenarten von der Bienenbestäubung abhängig sind. Da___ macht da___ Weidenkätzchen zum sogenannten Nahrungslieferanten. Der Zitronenfalter ist da___ Tier, da___ zu den allerersten Frühlingsboten zählt. Sein Vorteil gegenüber anderen Schmetterlingen besteht darin, da___ er vollkommen ungeschützt an einem Zweig überwintern kann. Mithilfe seines speziellen Blutes, da___ aus einem Alkohol-Zucker-Gemisch und Eiweißstoffen besteht, überlebt er Nächte bei minus 20 Grad. Unüberhörbar ist da___ Frühlingskonzert der Singvögel. Einige Vogelmännchen sind nun mit vollen Schnäbeln unterwegs, um da___ Weibchen zu füttern, da___ bereits im März die Eier bebrütet.

___ Fehler	0 – 2 Fehler	3 – 6 Fehler	mehr als 6 Fehler
	Super!	In Ordnung!	Bitte noch einmal üben!

Die s-Laute

Die grösste Heizung der Welt I
Frankreich, Deutschland, Belgien und andere Länder müßten genausso II
wie Kanada oder Rußland sechs Monate von Eiss und Schnee bedeckt II
sein. Doch anders als bei diesen Ländern profitieren wir von der
grössten Heizung der Welt: dem Golfstrom. Diesser „Meeres-Fluß" im III
Atlantik tranzportiert warmes Waser aus der Karibik nach Europa. II
Dieses erwärmt unsser Klima um etwa fünf bis zehn Grad Celssius. II

Regeln

Den *s*-Laut kann man im Deutschen ganz unterschiedlich schreiben: als *s*, *ss* oder *ß*. Um zu wissen, wie man den *s*-Laut schreibt, sind drei Regeln zu beachten:

1. Ein **einfaches *s*** schreibt man, wenn der **s-Laut stimmhaft** („summend“) ausgesprochen wird.
   Beispiel: *Besen, lesen, rasen, Riese*
2. Ein **doppeltes *ss*** schreibt man, wenn der **s-Laut stimmlos** („zischend“) ausgesprochen wird und **hinter einem kurzen Vokal** (Selbstlaut) steht.
   Beispiel: *Riss, Wasser, essen, fassen*
3. Ein **scharfes *ß*** schreibt man, wenn der **s-Laut „zischend“** ausgesprochen wird und **hinter einem langen Vokal** (Selbstlaut) **oder** einem **Doppellaut** (Zwielaut, Diphthong, z. B. *au, eu*) steht.
   Beispiel: *Gruß, gießen, gefräßig, schweißen, Außenminister*

Übungen

1 a) Schreibe zu jedem Nomen im Singular die Pluralform.
b) Bilde mit jeder Pluralform einen Satz. Schreibe ins Heft.

das Fa*ss* – *die Fässer* ______

der Fluss – ______

der Kuss – ______

die Tasse – ______

die Klasse– ______

das Lasso – ______

die Gasse – ______

die Masse – ______

2 Notiere zu jedem Beispiel möglichst viele verwandte Wörter ins Heft.

Fluss: *flussabwärts, Flussbett, flüssig ...*

Gruß: ______

Maß: ______

groß: ______

3 Notiere das passende Reimwort.

Fleiß – *heiß*

niesen – ver______

Flosse – G______

Masse – K______

Nase – V______

Fluss – K______

süßen – gr______

Kasse – T______

heißen – r______

nass – bl______

Pass – F______

Kies – Sp______

4 Ergänze die fehlenden s-Laute. Spreche die Wörter vorher laut aus.

der Fu___ball

das Hinderni___

die Schwanzflo___e

aufwei___en

die Ka___e

der Spa___

das Verhältni___

ei___ig

pa___en

der Sü___wa___erfisch

das Zeugni___

zerrei___en

5 Schreibe möglichst viele zusammengesetzte Nomen mit den Wörtern *Wasser* und *Fluss* ins Heft.

Wasser: der Wasserkessel ...

Fluss: das Flussbett ...

6 a) Bilde zu jeder Pluralform unten die richtige Singularform.
b) Schreibe mit jeder Singularform einen Aussagesatz in dein Heft.

die Zeugnisse – ______

die Ereignisse – ______

die Verhältnisse – ______

die Gefängnisse – ______

die Hindernisse – ______

die Geständnisse – ______

die Bildnisse – ______

7 Bilde zu jedem Infinitiv das Präsens (Gegenwart) und das Präteritum (Vergangenheit). Achte auf die richtige Schreibung des s-Lautes!

Infinitiv	Präsens	Präteritum
essen	ich *esse*	ich *aß*
messen	ich	er
fassen	du	sie
lesen	es	sie

8 Verbessere den Fehlertext „Die größte Heizung der Welt" (siehe Seite 50), indem du ihn richtig ins Heft schreibst.
Notiere die Ziffer der passenden Regel hinter jedem korrigierten Wort.

Fehler-Check

Setze den richtigen s-Laut ein.
Notiere die Nummer der passenden Regel in der Klammer.

Das Fu___ballspiel ( )

Am Sonntagnachmittag lie___t ( ) Paul plötzlich in der Zeitung, da___ ( ) um 15.00 Uhr ein Fu___ballspiel ( ) zwischen den Mannschaften seines Orte___ ( ) und des Nachbarorte___ ( ) stattfinden ___oll ( ).
Er stie___ ( ) durch Zufall beim Le___en ( ) der Wochenendnachrichten auf die___e Notiz. Schnell ra___te ( ) er zur Stra___enbahn ( ), um ja rechtzeitig zum Anpfiff auf dem Sportplatz im Stadion zu ___ein ( ).
Endlich hatte er die Haltestelle „Zum Stadion“ erreicht. Doch wa___ ( ) war da___ ( )? Alle Türen des Stadion___ ( ) waren verschlo___en ( ).
Keine Fan___ ( ) davor? Verwundert und ratlo___ ( ) schaut Paul sich um.
Da lie___t ( ) er plötzlich etwa___ ( ) auf einem Plakat.
Mit gro___en ( ) Buchstaben steht dort das Datum de___ ( ) kommenden Wochenende___ ( ). Verdie___lich ( ) und mi___gelaunt ( ) fährt er wieder nach Hau___e ( ).

___ **Fehler**	**0 – 4 Fehler** **Super!**	**5 – 12 Fehler** **In Ordnung!**	**mehr als 12 Fehler** **Bitte noch einmal üben!**

Konsonanten: *b* oder *p*, *g* oder *k*, *d* oder *t*?

Kint und Hunt – kein Problem II

Hunde stellen eine unglaupliche Bereicherunk für unser Leben dar. II

Voraussetzunk dafür ist jedoch, dass Kint und Hunt einander verstehen. III

Mit Verstant und Erziehunk kann ein Hund zum echten Pardner eines III

Kindes werden.

Regeln

1. Die weichen Konsonanten *b*, *g* und *d* werden am Wort- und Silbenende meist wie die harten Konsonanten *p*, *k* und *t* gesprochen. Verlängere das Wort oder suche ein verwandtes Wort, dann hörst du die weichen Konsonanten *b*, *g* und *d*.

   Die **Verlängerungsprobe**:

   a) Bilde für die Verlängerung die **Pluralform des Nomens**.
   Beispiel: *die Wan ... ? – die Wände – die Wand*

   b) **Adjektive** werden für die Verlängerungsprobe **gesteigert**.
   Beispiel: *klu... ? – klüger – klug*

   c) Bilde **bei Verben den Infinitiv** für die Verlängerungsprobe.
   Beispiel: *du sa... st? – sagen – du sagst*

Übungen

1 a) Mache die Verlängerungsprobe bei den Verben auf Seite 55 oben: Bilde zu jedem Verb den Infinitiv (Grundform) und setze dann den richtigen Konsonanten ein.
b) Bilde mit jedem Verb einen Satz und schreibe ihn ins Heft.

es be *b* t – *beben*

er to ___ t – ______________

du gi ___ st – ______________

ich ma ___ – ______________

wir den ___ en – ______________

er par ___ t – ______________

sie win ___ t – ______________

2 Bilde zuerst die Verlängerung der Adjektive.
Setze dann den richtigen Buchstaben ein.

a) der schmutz *ig* e Hund — Der Hund vom Nachbarn ist schmutz *ig* .

b) der wei ___ e Weg — Der Weg bis zum Wald ist wei ___ .

c) der star ___ e Junge — Der Junge aus der 8 a ist sehr star ___ .

d) das gesun ___ e Kätzchen — Das Kätzchen von Tina ist immer noch sehr gesun ___ .

e) der spannen ___ e Film — Der Film, den wir gestern gesehen haben, war sehr spannen ___ .

f) die lästi ___ e Mücke — Die Mücke in unserem Zimmer ist sehr lästi ___ .

g) das lan ___ e Gespräch — Unser Gespräch mit dem Rektor dauerte lan ___ .

3 a) Bilde den Plural (Mehrzahl) jedes Nomens.
b) Verwende jedes Nomen in einem Satz und schreibe diesen ins Heft.

der Her*d*	– *die Herde*	die Gegen__	– ______
das Pfer__	– ______	der Schmie__	– ______
der Schran__	– ______	das Kal__	– ______
der Bezir__	– ______	die Han__	– ______
der Bar__	– ______	der Zwer__	– ______

4 Bilde die Steigerungsform (Komparativ) von jedem Adjektiv und setze den richtigen Buchstaben ein.

spannen*d*	– *spannender*	schrä__	– ______
trü__	– ______	elen__	– ______
bun__	– ______	frem__	– ______
blan__	– ______	star__	– ______
lau__	– ______	wun__	– ______

5 a) Setze den richtigen Konsonanten ein: *g* oder *k*, *d* oder *t*, *b* oder *p*?

Schla__sahne	erfol__reich	Verban__skasten
Stau__sauger	Wasserkru__	Schran__tür
Herd__lappe	Schu__karre	Holzverschla__
Ofenban__	Küchenschran__	Bildban__
Gipsverban__	Uhrwer__	Meeresstran__

b) Wer findet die meisten verwandten Wörter? Notiere zu jedem Wort oben weitere Beispiele aus der Wortfamilie im Heft.
Beispiel: *Schlag: schlagen, Schlagzeug, Schläge*

Fehler-Check

_B_ oder _p_? _G_ oder _k_? _D_ oder _t_? Setze den richtigen Buchstaben ein.

Der Ra_e und seine Lis_

Es war einmal ein großer, stolzer und star_er Ra_e.

Er le_te in einem wei_en, riesi_en Gar_en am Ran_e eines Wal_es.

Eines Ta_es fan_ der Ra_e in diesem Gar_en einen großen,

run_en Kru_. In diesem Kru_ befan_ sich ein gu_ duften_er Brei,

den die Besitzer für den Hun_ Rex gekoch_ hatten.

Doch der Ra_e konnte mit seinem Schna_el nicht in das Innere des

Kru_es gelan_en. Da nieman_ in der Gegen_ war, schlu_ er hefti_

mit seinen Flü_eln, sodass das Gefäß umfiel. Nun konnte der listi_e

Kerl genüsslich an den Brei gelan_en und fraß sich dick und run_.

☐ Fehler	0 – 6 Fehler	7 – 16 Fehler	mehr als 16 Fehler
	Super!	In Ordnung!	Bitte noch einmal üben!

Die f-Laute: *f, ff, v, ph, pf*

Unser Ausfflug in den Zoo I

Vor einer Woche traffen wir uns mit Pfreunden im Leipziger Zoo. II

Wir waren sehr überrascht, wie gepfühlfoll und großzügig die Gehege II

und Fogelkäfige angelegt waren. Die Wildferde hatten so viel Platz, II

dass sie um die Wette lauffen konnten. I

Regeln

1. Regeln zur Schreibung der gleich oder ähnlich klingenden Laute *f*, *pf* und *v* gibt es nicht. Präge dir daher die Schreibung der Wörter ein. Spreche diese Wörter deutlich aus (besonders die Wörter mit *pf*) und schlage in Fällen, wo du unsicher bist, im Wörterbuch nach.
   Beispiel: *Vater, Vogel, Folge, Landschaft, schaffen, laufen*

2. **Fremdwörter**, die **aus dem Griechischen** ins Deutsche übernommen wurden, werden **meist mit *ph*** geschrieben, jedoch als f-Laut gesprochen.
   Beispiel: *Physik, Alphabet, Pharao, Philosophie, Phantom*

3. In Wörtern aus dem Griechischen, die heute allgemein wie deutsche Wörter verwendet werden, wird das ***ph* inzwischen durch ein *f* ersetzt.** Aber auch die Schreibung mit *ph* ist nicht falsch.
   Beispiel: *Foto, Grafik, Mikrofon, Megafon, Delfin*

4. Ob *f* oder *ff* geschrieben wird, lässt sich am vorausgehenden Vokal (Selbstlaut) erkennen. **Nach langem Vokal steht ein *f*, nach kurzem Vokal ein *ff*.**
   Beispiel: *wir trafen, sie treffen; Afrika, Affe, Giraffe*

Übungen

1 a) Verwende die Vorsilbe *ver-*.
b) Bilde zu den Beispielen unten möglichst viele verwandte Wörter (Verben, Nomen, Adjektive) mit *ver-* und schreibe sie ins Heft.
Beispiel: *versehen – das Versehen – versehentlich*
c) Bilde mit den genannten Wörtern Sätze im Heft.
Beispiel: *Ich habe aus Versehen den Leuchter kaputt gemacht.*

___sehen	___tauschen	___dutzen	___erben
___albern	___bieten	___sorgen	___säumnis

2 Entscheide: *f* oder *v*? Setze den richtigen Buchstaben ein.

der ___ogelkäfig	das ___lugzeug	der ___erband
die ___ase	das Par___üm	der ___ers
die ___liege	der ___atertag	der ___riseur

3 Löse das Rätsel. Setze Wörter mit *ph* ein.

1. Teil eines Gedichtes — S _ _ _ p _ _
2. Siegeszeichen — T _ _ _ _ _ e
3. Unterrichtsfach — P _ _ s _ _
4. Straßenbelag — _ s _ _ _ _ _
5. „Denker“, Gelehrter — _ h _ _ _ _ _ _ _
6. schlimmes Ereignis — K _ _ _ _ _ _ _ p _ _
7. das ABC — _ _ _ _ a _ _ _
8. Herrscher im alten Ägypten — P _ _ _ _ o

4 Wie viele verwandte Wörter findest du? Schreibe in dein Heft.
Beispiel: *der Funk – der Funkdienst – funken – die Funkuhr*

die Frucht – der Fuchs – der Frieden – der Freund – die Form

Fehler-Check

V, f, ff, pf **oder** ***ph*****?**

Über die __iel__alt von Hunderassen

Es gibt __iele Hunderassen, so unge__ähr 300 __erschiedene Arten. Der größte __ertreter dieser weit__erzweigten Sippschaft ist der Irische Wol__shund. Natürlich gibt es eine __ielfältige Auswahl an Büchern, in denen __iele Rassen beschrieben werden: __i__ige, __legeleichte oder __erspielte.

Die Hunderassen sind dort al__abetisch au__ge__ührt, nach Abstammung oder __erwendungszweck geordnet. __iele Hunde__reunde interessieren sich noch __ordergründig für die charakterlichen Eigenscha__ten. __erständlicherweise interessieren sich die meisten __ür __ragen und Probleme, die sich aus dem täglichen Zusammenleben mit dem Hund ergeben. Ein Hund muss in jedem Fall hören, wenn man nach ihm __eift, und den Be__ehlen seiner Besitzer gehorchen.

__ Fehler	0 – 4 Fehler	5 – 12 Fehler	mehr als 12 Fehler
	Super!	In Ordnung!	Bitte noch einmal üben!

Z, zz oder *tz, k, kk* oder *ck*?

Haustier-Alarm!

Tim wünscht sich zum Geburtstag unbedingt eine Kaze. Doch seine I
Mutter ist dagegen: „Kazen zerkrazen die Sitsmöbel und Tapeten!" III
Tim antwortet: „Die Tiere sind nicht schmuzig. Sie puzen sich gern. II
Wenn sie einen Lieblingsplaz haben, zerkrazen sie auch nicht die II
Möbel." „Und was machst du, wenn das Tier irgendwo in einer duncklen I
Ecke einen toten Spaz versteckt?", meint die Mutter nekkisch. II
„Ich pakke den Vogel mit der Schaufel und werfe ihn weg. I
Die Kiste mit dem drekkigen Streu säubere ich auch täglich …" I

Regeln

Beachte zur Schreibung von *z* oder *tz* und *k* oder *ck* folgende Regeln:

1. **Nach betontem, kurzen Vokal** steht **fast immer *ck* oder *tz*.**
   Beispiel: *Tatze, Katze, hetzen, platzen;*
   backen, die Hecke, Zucker, nicken
2. **Nach den Konsonanten *l, m, n* und *r*** steht **nie *tz* und nie *ck*** –
   das merk dir ja! Nur Eigennamen bilden Ausnahmen.
   Beispiel: *die Walze, der Umzug, der Anzug, der Arzt;*
   die Wolke, melken, der Balken, der Tank, der Dank, stark
3. Nur bei einigen **Fremdwörtern** werden die **Laute *k* und *z*** verdoppelt.
   Beispiel: *der Mokka, die Pizza, der Akku, das Trekking-Rad*

Übungen

1 a) Finde 12 Wörter mit *ck* (waagerecht oder senkrecht).
b) Verwende diese Wörter in je einem Satz. Schreibe ins Heft.

Z	U	C	K	E	R	K	N	I	C	K	E	N
A	P	G	U	C	K	E	A	I	S	I	O	E
C	A	C	C	B	L	I	C	K	T	C	A	C
K	C	B	K	O	E	C	K	E	Ü	K	D	K
E	K	A	U	T	T	N	E	L	C	E	I	E
N	B	A	C	K	E	S	N	F	K	R	E	N
W	E	C	K	E	R	E	C	K	E	X	T	Z

2 Entscheide: *z*, *zz* oder *tz*, *kk* oder *ck*?

a) Nach einer Pi___a schme___t mir ein Mo___a gut.

b) Die Ra___ia im Bahnhofsviertel erschre___te alle Nachbarn.

c) Der Ste___er vom A___uladegerät ist noch im Gepä___.

d) Das Frühstü___ schme___t immer le___er.

e) Der Bä___er ba___t seinen Kuchen ___u___ersüß.

f) Der We___er we___te uns viel zu früh.

g) Am Ende der Wegstre___e verste___ten wir uns.

3 Bilde Nomen und suche zu jedem Nomen drei Wortverwandte. Schreibe ins Heft.
Beispiel: *Dreck – dreckig – verdreckt – Dreckspatz*

D **SCHR** **L**
R **ECK** **H**
FL **SP** **DR**

4 Verflixt, verhext – da ist wohl was verrutscht? Streiche die Fehler an und schreibe die Wortgruppen mit *tz* oder *ck* richtig auf.
Beispiel: *ein Schnickel essen – ein Schnitzel essen*

Mamas Nagellatz nehmen – ____________________

jemand mit einem Wick netzen – ____________________

frische Erdbeeren einzutzern – ____________________

dretzige Turnschuhe pucken – ____________________

gern Würstchen bruckeln – ____________________

ein schmerzender Batzenzahn – ____________________

Pläckchen batzen – ____________________

lustige Fracken schneiden – ____________________

den Rutzsatz patzen – ____________________

5 Schreibe hinter jedes Verb das passende Nomen.
Lasse dir die Wörter anschließend diktieren und schreibe in dein Heft.

sitzen	– *der Sitz*	melken	– ____________
ritzen	– ____________	backen	– ____________
hetzen	– ____________	sacken	– ____________
platzen	– ____________	blicken	– ____________
setzen	– ____________	verstecken	– ____________
strecken	– ____________	entdecken	– ____________

Fehler-Check

Fülle die Lücken mit *z*, *tz*, *ck*, *k* oder *kk*.

Max hat eine Verle___ung

Nach dem Frühstü___ machte Max mit seinem Freund Tom eine Wanderung. Sie pa___ten den Ru___sa___ mit frisch geba___enem Kuchen und le___eren Geträn___en. Dann wanderten sie dire___t in das nahe gelegene Waldstü___.

Dort kletterten sie den Berg hinauf und verle___en sich dabei an den Dornenhe___en, welche den Boden bede___ten. Max fühlte im rechten Bein einen entse___lichen Schmer___. Tom rief entse___t: „Du musst dire___t zum Ar___t!“ Doch sie hatten bereits eine lange Wegstre___e hinter sich. Zum Glü___ hatte Tom sein Handy im Gepä___. Und auch der A___ war geladen.

___ Fehler	0 – 4 Fehler	4 – 9 Fehler	mehr als 9 Fehler
	Super!	In Ordnung!	Bitte noch einmal üben!

Vor- und Nachsilben: *ent, end, ig, ich* und andere

Das endscheidende Erlebnis I
Sarah und Toni sind schon seit Längerem befreunded. An diesem I
Wochenende verrabredeten sich die beiden Mädchen entlich zu einer II
Radtour. Sie wollten die Landschafft der malerrischen Umgebung II
erkunden. Doch Sarah wartete vergeblig am verabredetten Treffpunkt, II
was sie wahnsinnich ärgerte. I

Regeln

Viele Wörter im Deutschen bestehen aus Vor- und Nachsilben.

1. Eine **Vorsilbe** ist der Teil eines Wortes, der nicht allein vorkommt, sondern vor einem Wortstamm steht. Man bezeichnet eine Vorsilbe als **Präfix.**
   Beispiel: *ent/lauf/en → ent = Vorsilbe;*
   weg/lauf/en → lauf = Wortstamm

2. Eine **Nachsilbe** ist der Teil eines Wortes, der an den Wortstamm angehängt ist. Man bezeichnet eine Nachsilbe als **Suffix.**
   Beispiel: *Vor/ankündi/gung, Freund/schaft, Ent/steh/ung, Er/leb/nis*

3. Es gibt viele Wörter, die den gleichen Wortstamm besitzen, doch unterschiedliche Vor- und Nachsilben haben. Sie haben damit auch unterschiedliche Bedeutungen.
   Beispiel: *führen: die Ent/führ/ung – die Auf/führ/rung – der An/führ/er*

4. Die **Vorsilbe *end*-** verwendet man, wenn das Wort **mit „Ende" zu tun hat**.
Beispiel: *der Endspurt, das Endprodukt, endlich, endlos*

5. Die Vorsilbe ***ent*-** hat nie etwas mit „Ende" zu tun.
Beispiel: *entsetzlich, entlang, entgegen, enthalten, entschließen*
Manchmal weist ***ent*-** darauf hin, dass die **Bedeutung des Wortes z. B. „umgekehrt"** wird oder dass sie etwas mit „wegbewegen" zu tun hat.
Beispiel: *ent/decken, ent/laufen, ent/schädigen; Ent/wässerung*

Tipp Zerlege ein zusammengesetztes Wort in dessen Wortbestandteile, wenn du wegen der Rechtschreibung unsicher bist.
Beispiel: *weg/ge/fahren, auf/führen*
Zweifelst du an der Endung *-ig* oder *-ich*, verlängere das Wort.
Beispiel: *neugierige Menschen, entsetzliche Schmerzen*

Übungen

1 a) Setze die zerrissenen Wörter im Heft wieder richtig zusammen.
b) Markiere den Wortstamm rot.
Beispiel: *entsetzlich*

ent-	unter-			lich	bar
aus-	be-	**setz-**	**halt-**	t	en
Fort-	Unter-			ung	er

2 a) Bilde aus den Verben und Suffixen Nomen. Schreibe ins Heft.

bedürfen		bearbeiten	
erlauben	**-nis**	achten	**-ung**
ereignen		lesen	

3 a) Verwende passende Nachsilben und bilde aus den Nomen so viele Adjektive wie möglich.
b) Bilde zu jedem Nomen Wortgruppen. Schreibe ins Heft.
Beispiel: *Fleiß – fleißig – ein fleißiger Papa*

Fleiß ▪ Hast ▪ Nebel ▪ Natur ▪ Vorsicht ▪ Wunder ▪ Furcht ▪ Sparer ▪ Wunder ▪ Blume ▪ Angst

Fehler-Check

Setze die richtigen Vor- und Nachsilben ein.

Der En___spurt führte zum Sieg

En___lich findet das angekündigte Sportfest statt. Mit großer Spann___ wird der En___lauf der besten Sprinter unserer Schule ___wartet. Als der Startschuss fällt, liegen Peter und Ben sofort vorn. Sie lassen die anderen Läuf___ in großer En___fern___ hinter sich. Dann kommt die En___schei___. In letzter Sekunde zieht Ben an Peter vorbei ins Ziel. Die En___täusch___ bei Peter ist groß.

Ben en___schuldigt sich bei ihm. Doch Peter meint: „So en___setz___ es für mich auch ist, aber dein En___spurt war super!“ Alle sind sich ein___, beide Sportler sind würd___, eine Urkunde zu erhalten. Der Rektor fordert die beiden freundl___ auf, auf die Tribüne zu kommen: „Wir gratulieren euch herzl___! Mit ein wen___ Glück und gutem Training kann es jeder schaffen. Also: Seid immer sportl___ aktiv!“ Freud___ und glückl___ verlassen beide die Tribüne. Die Veranstalt___ ist beendet.

___ Fehler	0 – 3 Fehler	4 – 11 Fehler	mehr als 12 Fehler
	Super!	In Ordnung!	Bitte noch einmal üben!

5 Welches Satzzeichen gehört wohin?

Die Satzschlusszeichen

Was tun mit Nestflüchtern! I
Im Frühling ist bei vielen Tieren Kinderstubenzeit angesagt_ So auch bei I
den Vögeln! Was ist zu tun, wenn man unterwegs am Wegesrand ein I
putziges, hilfloses Federknäuel findet. Instinktiv regt sich bei vielen I
Menschen Mitleid: Armes Vögelchen. Und man fasst den Entschluss, I
es mitzunehmen und zu Hause aufzupäppeln_ Falsch? Bei fast allen II
Vogelarten verlassen die Jungen den Brutplatz schon, bevor ihr
Gefieder vollständig ausgewachsen ist und sie richtig fliegen können.
Werden diese Nestflüchter von den Vogeleltern versorgt. Ja? Deshalb II
*soll man Jungvögel dort belassen, wo sie sind_* I

Regeln

Um das Ende eines Satzes zu kennzeichnen, verwendet man folgende Satzschlusszeichen:

1. Den **Punkt** (.) setzt man am Ende eines Aussagesatzes.
   Beispiel: *Jonas hilft seinem Vater im Garten.*
2. Das **Ausrufezeichen** (!) steht am Ende eines Satzes oder nach Wörtern, die mit besonderem Nachdruck gesprochen oder geschrieben wurden, das heißt
   - bei einem Befehl: ***Geh sofort ins Haus!***
   - bei einer Aufforderung: ***Setz dich doch!***
   - bei einem Wunsch: ***Viel Glück!***
   - bei einem Ausruf der Freude: ***Wie toll! Super!***
   - bei einem Ausruf des Erstaunens: ***Was soll das!***
   - bei einem Ausruf des Bedauerns: ***Oh je!***

3. Das **Fragezeichen** (?) steht am Ende von Fragesätzen und allein stehenden Fragewörtern.
Beispiel: *Was und wie? Warum? Wie funktioniert das?*

Übungen

1 Ordne die Satzteile so an, dass ein Aussagesatz entsteht. Es gibt mehrere Möglichkeiten. Schreibe ins Heft.

Beispiel: *Brei / kocht / Mama / für / Baby / das*
1. Mama kocht für das Baby Brei.
2. Für das Baby kocht Mama Brei.
3. Mama kocht Brei für das Baby.

a) grillen / heute Abend / wir / wollen
b) spielt / seinem / kleinen / Ball / Thomas / Bruder / mit
c) Katja / beim / morgen / Chorauftritt / mit / singt
d) nächste / fahren / Urlaub / den / in / nach / wir / Woche / Rom

Tipp | Am Ende eines Aufforderungs- oder Wunschsatzes kann anstelle des Ausrufezeichens auch ein Punkt stehen, wenn die Sätze mit Nachdruck gesprochen werden.

2 Entscheide, ob du das Ausrufezeichen oder den Punkt setzen musst.

a) Vogeleltern versorgen ihre Jungen, auch wenn sie aus dem Nest gefallen sind

b) Lasst die kleinen Nestflüchtigen an Ort und Stelle

c) Bitte setzt Vögel, die auf einer Straße hocken, abseits an eine geschützte Stelle

d) Wenn ein kleiner Vogel völlig verhungert und durchnässt ist, sollte man ihn mitnehmen

Tipp

Kein Fragezeichen steht nach Sätzen, die wie ein Fragesatz aufgebaut sind, jedoch nur einen **Ausruf** oder eine **Aufforderung** beinhalten. Hier musst du aufpassen und sie von der normalen Frage unterscheiden.

Beispiel:

Ausruf / Aufforderung in Frageform	Frage
Was hast du wieder kaputt gemacht!	Wer hat das kaputt gemacht?
Geht ihr jetzt bitte!	Wann geht ihr?

3 Setze das Fragezeichen oder das Ausrufezeichen.

a) Wie oft rufst du mich an

b) Erinnerst du dich etwa nicht

c) Kommst du mal sofort her

d) Was essen wir heute zum Abendbrot

e) Gehen wir dann zum Nachbarn

f) Machst du bitte die Tür zu

Fehler-Check

Setze die erforderlichen Satzschlusszeichen und schreibe den anschließenden Satzanfang groß. Übertrage den Text richtig in dein Heft.

Wie füttert man Vogelkinder richtig ☐

Wer ein Vogelkind aufziehen will, muss viel Zeit mitbringen ☐ die Tiere erleiden schwerste Schäden, wenn die richtigen Fütterungsabstände nicht eingehalten werden ☐ Futter für Singvögel kann ein zerkleinerter Haferbrei, Magerquark oder geriebener Zwieback sein ☐ doch wie oft sollte man füttern ☐ Experten raten, den kleinen Piepmätzen alle halbe Stunde das Futter mit einer Pinzette zu verabreichen ☐ und was ist mit kleinem Getier als Futterbeimengung ☐ Fliegen, Spinnen und Raupen können ebenso in den Futterbrei ☐

☐ **Fehler**	**0 – 1 Fehler**	**2 – 4 Fehler**	**mehr als 4 Fehler**
	Super!	**In Ordnung!**	**Bitte noch einmal üben!**

Das Komma zwischen Hauptsätzen

Die Bremer Stadtmusikanten

Es war einmal ein Mann der hatte einen Esel. Der hatte ihm schon lange Jahre unverdrossen die Säcke in die Mühle getragen er war stets fleißig und fügsam. Nun aber gingen die Kräfte des Esels zu Ende er taugte nicht mehr zur Arbeit. Da dachte der Herr daran, ihn wegzugeben. Der Esel merkte dies jedoch er lief fort und machte sich auf den Weg nach Bremen. Er meinte dort könne er ja Stadtmusikant werden.

Regeln

1. Wenn zwei oder mehrere Hauptsätze aneinandergereiht sind, nennt man dies eine **Satzreihe**. Zwischen den Hauptsätzen einer Satzreihe setzt man stets ein Komma.
   Beispiel: *Wir fliegen nicht nach Köln, wir fahren nach Berlin.*
   Wach auf, lauf, schrei nicht!
   Zum Hintergrund: Ein Hauptsatz ist ein Satz, der allein stehen kann. Er enthält mindestens ein Subjekt und ein Prädikat *(Er liest.)*, bei Imperativsätzen auch nur ein Prädikat *(Lies!)*.

2. Hauptsätze (HS) können mit einer nebengeordneten **Konjunktion** *(da, oder, aber, denn, sondern)* eingeleitet werden. Auch hier wird ein Komma zwischen die Hauptsätze, das heißt vor die Konjunktion gesetzt.
   Beispiel: *Tanja liest nicht gern Krimis, sondern sie liest lieber Abenteuerbücher.*

3. Bei den Hauptsätzen, die mit *und*, *oder* bzw. *wie* verbunden werden, kann man ein Komma setzen, um die Teilsätze zu verdeutlichen. Man muss es aber nicht.
Beispiel: *Leon liest oft Fantasy-Bücher (,) und er spielt gern Rollenspiele.*

Übungen

1 Kennzeichne die Hauptsätze, indem du wenn notwendig das Komma setzt. Unterstreiche jeweils die Konjunktion.
Achtung: Ein Satz kann aus mehreren Hauptsätzen bestehen.

a) Der Esel ging schon eine Weile da fand er einen Jagdhund am Wege.

b) Der Jagdhund lag jämmerlich dort er heulte laut.

c) Er heulte denn sein Herr wollte ihn erschießen lassen da er angeblich nichts taugte.

d) Da er erschossen werden sollte hatte er Reißaus genommen.

e) Er fragte sich wie es weitergehen solle.

f) Der Esel munterte ihn auf denn er forderte ihn auf mitzukommen.

g) Der Esel wollte in Bremen die Laute spielen und der Hund sollte die Pauke schlagen.

h) Damit war der Jagdhund einverstanden da gingen sie zusammen weiter.

i) Die zwei fassten gemeinsam neuen Mut sie waren gut gelaunt.

j) Sie gingen zügig und sahen weit in der Ferne die Türme der Stadt.

2 Bilde aus den Wortgruppen Satzreihen, die aus zwei Hauptsätzen bestehen. Benutze dabei die Konjunktionen *da*, *denn* oder *doch*. Schreibe ins Heft.

Beispiel: *trafen Katze / Katze machte mieses Gesicht*
Sie trafen eine Katze, doch die Katze machte ein mieses Gesicht.

Katze konnte keine Mäuse mehr jagen / Frau wollte sie ersäufen

wollte davonschleichen / war ratlos und traurig

der Esel und der Hund trösteten / luden die Katze ein mitzukommen

wollten in Bremen Nachtmusik machen / die Katze fand die Idee gut

Katze ging mit den beiden / alle waren gut gelaunt

ein Haushahn saß an einem Hof auf dem Tor / er war nicht froh

der Haushahn hatte Angst / die Köchin hatte seinen Tod befohlen

Fehler-Check

Achte auf die Satzreihen und setze die fehlenden Kommas richtig ein. Setze die Kommas, die nicht zwingend erforderlich sind, in Klammern.

Die vier Stadtmusikanten

Der Hahn wurde vom Esel aufgefordert mitzukommen da er von der Bäuerin seines Hofes geschlachtet werden sollte. Die Gäste würden den Hahn zum Mittagessen bekommen da solle er lieber aus vollem Hals schreien und in Bremen auftreten.

Der Hahn willigte ein denn er fand den Vorschlag herrlich. Er freute sich auf Bremen da er musizieren wollte. Sie konnten die Stadt nicht an einem Tag erreichen doch auch da hatten sie eine Idee. Sie kamen abends in einen Wald dort wollten sie übernachten. Der Esel und der Hund legten sich unter einen großen Baum und die Katze kletterte auf einen Ast. Der Hahn flog bis in den Wipfel dort war es für ihn am sichersten. Der Mond schien und die Sterne funkelten. Langsam wurden die Tiere müde und wollten von der großen Stadt träumen.

☐ **Fehler**	**0 – 1 Fehler** Super!	**2 – 3 Fehler** In Ordnung!	**mehr als 4 Fehler** Bitte noch einmal üben!

Das Komma zwischen Haupt- und Nebensatz

Die vier Bremer Stadtmusikanten und das Räuberhaus

Als es dunkel wurde beschlossen die vier Bremer Stadtmusikanten, im Wald zu übernachten. Sie versteckten sich in einer hohen Tanne welche am Waldrand stand. Ehe der Hahn einschlief sah er sich noch einmal nach allen vier Windrichtungen um. Da bemerkte er einen Lichtschein der von einem Haus stammen könnte was sich in der Nähe des Waldes befand. Der Esel meinte dass sie sich doch alle zu diesem Haus aufmachen sollten. Er fand dass ihre derzeitige Herberge schlecht sei. Auch der Hund meinte dass ihm ein paar Knochen mit Fleisch gut tun würden. Also machten sie sich auf den Weg in die Richtung aus der das Licht kam.

Regeln

1. Werden ein **Hauptsatz** und ein **Nebensatz** zusammengefügt, nennt man dies **Satzgefüge**. Zwischen Hauptsatz und Nebensatz setzt man stets ein **Komma**.
   Zum Hintergrund: Ein Nebensatz kann nicht allein stehen. Er ist immer vom Hauptsatz abhängig. Im Nebensatz steht die finite Verbform (gebeugte Verbform) an letzter Stelle des Satzes.
   Beispiel: *Ich fahre gern Rad, weil es mir gefällt.*
   Hauptsatz (HS) Nebensatz (NS) mit gebeugter Verbform

2. Nebensätze werden oft eingeleitet durch
   - untergeordnete Konjunktionen: ***weil, wenn, dass, obwohl ...***
   - Relativpronomen: ***der, die, das, welcher, welche, welches ...***
   - Fragepronomen: ***wer, wie, wo, warum ...***

3. Nebensätze, die ein Nomen (Bezugswort) näher erklären, nennt man **Relativsätze**. Sie beginnen mit dem **Relativpronomen** *der, die, das* oder *welcher, welche, welches*.

4. Ein Nebensatz kann
   - vor dem Hauptsatz stehen (vorangestellter Nebensatz).
     Beispiel:
     Wenn du fleißig trainierst, wirst du gut laufen können.
     Nebensatz (NS) Hauptsatz (HS)
   - in einen Hauptsatz eingefügt werden (eingefügter Nebensatz).
     Beispiel:
     Die Arbeit, die die Klasse zurückbekam, war gut ausgefallen.
     (HS) Nebensatz (NS) Hauptsatz (HS)
   - hinter einem Hauptsatz stehen (nachgestellter Nebensatz).
     Beispiel:
     Er nahm sein Buch mit, da er noch lernen musste.
     Hauptsatz (HS) Nebensatz (NS)

Tipp

Achte bei der Bildung oder **Bestimmung von Nebensätzen** immer auf ihre **Merkmale**. Nebensätze
- haben häufig ein Einleitewort,
- ihre finite Verbform (gebeugte Verbform) steht am Satzende
- und sie können, anders als der Hauptsatz, nicht für sich allein stehen.

Übungen

1 a) Bilde mithilfe der Stichwörter und der vorgegebenen Satzmuster (HS + NS) mit dem Einleitewort Satzgefüge. Schreibe ins Heft.
b) Rahme das Einleitewort und das Prädikat ein. Unterstreiche den Nebensatz. Achte auf das Komma.

Beispiel:
sahen Licht heller durch den Wald schimmern / gingen direkt darauf zu / weil — *NS – HS*
→ Weil sie das Licht heller durch den Wald schimmern sahen, gingen sie direkt darauf zu.

kamen an ein Haus / stand genau vor ihnen / das — HS – NS

der Esel war am größten / konnte durch eines der Fenster schauen / weil — NS – HS

rief erschrocken / im Haus seien Räuber / dass — HS – NS

Esel erzählte / er könne einen Tisch sehen / der sei mit Essen und Trinken gedeckt / dass — HS – NS –NS

die Räuber / saßen um den Tisch herum / ließen es sich gut gehen / welche — HS – NS – HS

da Hahn sprach / das wäre etwas für sie vier / dass — HS – NS

daraufhin Tiere überlegten / sie könnten tun / was — HS – NS

sie hatten nachgedacht / ist etwas Tolles eingefallen / nachdem — NS – HS

2 a) Bilde Satzgefüge: Suche den passenden Satz und das richtige Einleitewort. Formuliere jeweils einen Nebensatz und Hauptsatz.
b) Achte auf die Stellung der Prädikate und auf die Kommasetzung.
Beispiel: *Der Esel war der Größte. / Er stellte sich mit den Vorderhufen auf das Fenster. (weil)*
→ Weil der Esel der Größte war, stellte er sich mit den Vorderhufen auf das Fenster.

Der Esel hatte das getan. / Der Hund kletterte auf seinen Rücken. (nachdem)

Der Hund stand gerade. / Die Katze setzte sich auf ihn. (als)

Der Hahn war der Kleinste. / Er flog auf den Kopf der Katze. (weil)

Sie fingen auf ein Zeichen an zu musizieren. / Die Räuber erschraken sich furchtbar. (sodass)

Die Tiere musizierten lautstark. / Die Räuber verließen schreiend das Haus. (weil)

3 Umkreise in den folgenden Satzgefügen das Relativpronomen und unterstreiche die Wörter, auf die es sich bezieht. Setze die Kommas.
Beispiel: Der Esel, der am größten war, stand unten.

a) Der Hund welcher halb verhungert war folgte den Freunden.

b) Die Katze die keine Mäuse mehr fing gesellte sich zu den beiden.

c) Und der Hahn der im Suppentopf landen sollte war glücklich weiterleben zu dürfen.

d) Die vier Tiere die sich sofort einig waren zogen nach Bremen.

e) Der Wald den sie durchqueren mussten war sehr groß.

f) Sie erblickten ein Haus aus welchem laute Geräusche kamen.

g) Das Haus das den Räubern gehörte sollte ihre Nachtherberge werden.

Fehler-Check

Markiere alle Nebensätze und setze die fehlenden Kommas.

Die Bremer Stadtmusikanten

Nachdem sie alle vier so laut geschrien und musiziert hatten stürzten sie durch das Fenster in die Stube hinein. Die Räuber erschraken sich derartig dass sie mit lautem Gebrüll in die Höhe fuhren. Sie meinten ein Gespenst käme herein. Daraufhin flohen sie in großer Furcht in den Wald hinaus wo sie um ihr Leben liefen. Die vier Gesellen setzen sich an den Tisch welcher ja reichlich mit edelsten Speisen gedeckt war. Jeder aß nach Herzenslust von den Speisen die ihm am besten schmeckten. Als sie fertig waren löschten sie das Licht aus. Der Esel meinte dass sich jeder eine Schlafstelle nach seinem Geschmack aussuchen solle. Der Esel legte sich auf den Mist da verkroch sich der Hund hinter der Tür. Weil die Katze es warm haben wollte rollte sie sich auf dem warmen Herd zusammen. Der Hahn flog auf das Dach.

☐ Fehler	0 – 3 Fehler Super!	4 – 9 Fehler In Ordnung!	mehr als 9 Fehler Bitte noch einmal üben!

Kommas und Zeichensetzung bei wörtlicher Rede

Die Flucht der Räuber

Als die vier Bremer Stadtmusikanten die Räuber in die Flucht getrieben hatten, meinte der Esel Kommt, Freunde, lasst uns an dem schön gedeckten Tisch Platz nehmen Da setzen sich die vier und genossen die Speisen. Die Katze sagte Hm, die Soße schmeckt köstlich und der Hund schmatzte Der Knochen mit den Fleischresten ist eine wahre Köstlichkeit. Als sie fertig waren, löschten sie das Licht.

Kommt, lasst uns eine Schlafstatt finden forderte der Esel auf. Ja, jeder sucht sich aus, was ihm am besten gefällt stimmte der Hahn zu.

Regeln

Wenn in einem Text etwas gesagt oder gefragt wird, musst du die wörtliche Rede in Anführungszeichen („ ... “) setzen. Je nach Stellung der wörtlichen Rede im Satz ist auch die Kommasetzung erforderlich. Beachte dazu folgende Regeln:

1. Wenn der Redebegleitsatz vor der wörtlichen Rede steht (**vorangestellter Begleitsatz**), leitet ein Doppelpunkt die wörtliche Rede ein.
   Beispiel: *Er sagte: „Ich komme um vier Uhr zu Besuch.“*

2. Wenn der Redebegleitsatz **hinter** der wörtlichen Rede steht (**nachgestellter Begleitsatz**), wird er durch ein Komma abgetrennt.
   Beispiel: *„Ich komme um vier Uhr zu Besuch“, sagte er.*

3. Wenn der Redebegleitsatz die wörtliche Rede unterbricht (**eingeschobener Begleitsatz**), steht vor und nach dem Redebegleitsatz ein Komma.
Beispiel: *„Ich komme um vier Uhr zu Besuch", sagte er, „versprochen ist versprochen."*

4. Punkt, Frage- oder Ausrufungszeichen stehen immer dann vor dem zweiten Anführungszeichen, wenn sie zur wörtlichen Rede gehören.
Beispiel: *Sie fragte: „Kommt er um vier Uhr zu Besuch?"*
„Halten Sie den Dieb!", rief die ältere Dame den Passanten zu.
aber: *Hat er immer noch nicht verstanden, „dass er seine letzte Chance vertan hat"?*

Übungen

1 a) Verbinde die Begleitsätze mit der passenden wörtlichen Rede.
b) Schreibe die Sätze mit vorangestelltem Begleitsatz und der richtigen Zeichensetzung in dein Heft.
c) Schreibe die Sätze so um, dass der Begleitsatz nachgestellt ist.
Beispiel: *Oma ist ratlos: „Wo ist meine Lesebrille?"*
„Wo ist meine Lesebrille?", fragt Oma ratlos.

Uta sagt ☐	☐ Der Grill ist ja noch schmutzig!
Papa schimpft ☐	☐ Wenn der weiße Flieder wieder blüht!
Opa singt ☐	☐ Passt dir diese Jeanshose?
Der Verkäufer fragt ☐	☐ Heute Abend grillen wir Steaks.
Mama ruft ☐	☐ So einen lustigen Film habe ich lange nicht gesehen!
Tanja lacht ☐	☐ Wo ist nur meine Lesebrille?
Oma fragt ratlos ☐	☐ Die Steaks sind fertig!

2 Setze die fehlenden Satzzeichen.

Uta ruft Tanja an Stimmt es, dass wir bald einen Aufsatz schreiben?

Ja, wir schreiben einen Märchen-Text antwortet Tanja.

Können wir uns das Märchen selbst ausdenken fragt Uta.

Den größten Teil schon meint Tanja wir bekommen nur einen Märchenanfang vorgegeben.

Hoffentlich kommt auch etwas mit einem Prinz vor lacht Uta.

3 a) Unterstreiche die Redebegleitsätze mit einer Wellenlinie, die wörtliche Rede mit einer geraden Linie.
b) Notiere, ob der Redebeleitsatz vor-, nachgestellt oder eingeschoben ist, und korrigiere gegebenenfalls die Kommasetzung.

Beispiel: *„Na“, fragt Theo, „wie war dein Tag?“* — *eingeschoben*

a) „Toll“ antwortete Hannes „wieso fragst du?“

b) Theo blickt ihn an: „Ach, nur so!“

c) „Und wie war dein Tag?“ fragt Hannes.

d) „Wir hatten heute viel Stress“ antwortete Theo
„weil wir einen Aufsatz geschrieben haben.“

e) Hannes fragt: „Über welches Thema?“

f) „Über Märchen ...!“ antwortet Theo.

4 a) Ergänze die Satzzeichen und Anführungszeichen im Satz unten.
b) Notiere den Satz im Heft mit dem Begleitsatz nach und zwischen der wörtlichen Rede. Achte auf die richtige Zeichensetzung.

Luis rief begeistert Mir macht es Spaß, mir Märchen und Geschichten auszudenken

Fehler-Check

Ergänze die Anführungszeichen und Satzzeichen der wörtlichen Rede.

Die Räuber kehren zurück

Die Bremer Stadtmusikanten schliefen nach einem guten Mahl genüsslich ein. Schön, so gut gegessen zu haben dachte sich der Esel und schloss zufrieden die Augen. Die Räuber jedoch beobachteten ihr Räuberhaus aus sicherer Entfernung. Seht doch murmelte einer im Haus brennt kein Licht mehr. Wir hätten uns doch nicht so einfach ins Bockshorn jagen lassen sollen! sprach der Hauptmann. Und zu einem seiner Räuber rief er Sieh nach, ob jemand im Haus ist. In der Küche wollte der Räuber ein Schwefelhölzchen an glühenden Kohlenaugen anzünden. Da sprang ihm die Katze ins Gesicht und kratzte ihn Hier, du garstiger Räuber. Der Hund biss ihn ins Bein. Aua, verdammt, du Ungeheuer Der Räuber rannte aus dem Haus. Dort bekam er vom Esel noch einen Tritt.
Und der Hahn schrie Kikerikie! Kikerikie

Fehler	0 – 4 Fehler	5 – 9 Fehler	mehr als 9 Fehler
	Super!	In Ordnung!	Bitte noch einmal üben!

Wie trennt man richtig?

Ein Aquarium anlegen

Ein Fisch, der im Atlantischen Ozean lebt, kann im Süßw-
asser ebensowenig überleben wie ein europäischer Flussfi-
sch, der plötzlich ins Meer geworfen wird. Deshalb ist die gem-
einsame Pflege der verschiedenen Süß- und Meerwasserf-
ische im Aquarium nicht möglich. Fische trinken nicht,
sondern sie nehmen über ihre Schuppenhaut Flüssigk-
eit auf. Der unterschiedliche Salzgehalt in ihrem Körp-
er verlangt die verschiedenen Wasserarten.

Regeln

Wie trennt man Wörter am Zeilenende richtig?

1. **Mehrsilbige Wörter** werden **nach Sprechsilben getrennt**. Sprich die Wörter langsam aus und betone dabei die einzelnen Silben.
   Beispiel: *ich schaf-fe, aber: die Scha-fe*
   ken-nen, aber: ken-tern
   wis-sen, aber: die Wie-se

2. Ein **einzelner Vokalbuchstabe am Wortanfang** darf **nicht abgetrennt** werden.
   Beispiel: *das Ufer, der Ofen, der Igel, der Esel*

3. Werden die Buchstabenverbindungen ***ck, ch, sch*** **wie ein Laut** gesprochen, dürfen sie nicht getrennt werden.
   Beispiel: *le-cker, Tü-cher, Du-sche*

4. Die Konsonantenverbindungen *st*, *sp* oder *ss* werden getrennt.
   Beispiel: *Kis-te, Pis-te, Kas-ten, Ris-pe, Wes-pe, Was-ser*

5. **Fremdwörter** können sowohl nach den Silben der Herkunftssprache als auch nach Sprechsilben getrennt werden.
Beispiel: *Ab-itur / A-bi-tur, He-li-kop-ter / Heli-kop-ter*

6. Schwierige Wörter wie *einander*, *warum*, *darum* und *hinauf* können in zwei Varianten getrennt werden.
Beispiel: *hin-auf / hi-nauf, ein-an-der / ei-nan-der, dar-um / da-rum, war-um / wa-rum*

7. Man sollte Wörter immer so trennen, dass **keine Missverständnisse oder lesehemmende Trennungen** vorkommen.
Beispiel: *See-ufer* statt *Seeu-fer, Bank-ende* statt *Banken-de, Töpfe-rei* statt *Töpfer-ei*

Übungen

1 Schreibe die folgenden Wortpaare mit den richtig gesetzten Trennungsstrichen auf. Spreche die Wortsilben laut und langsam mit.
Beispiel: *lassen – sie lasen → las-sen – sie la-sen*

wir pfiffen – wir pfeifen ______________________

stellen – stehlen ______________________

die Rassen – der Rasen ______________________

Schwämme – Schwärme ______________________

die Kämme – sie käme ______________________

die Kelle – die Kehle ______________________

wissen – die Wiesen ______________________

2 Welche getrennten Wortteile gehören zusammen? Suche die passende Endsilbe und schreibe diese mit dem Trennungsstrich in dein Heft.
Hinweis: Die Silben können mehrmals verwendet werden.
Beispiel: *Ba-cke*

				Endsilben			
Zu	me	di	Bä	cken		cker	
ro	le	Ro	ni		cker	ck	
Ho	A	Zi	le	ckern			~~cke~~
Krü	He	~~Ba~~	sa		ck		

3 Trenne die folgenden Wörter durch Schrägstriche.

Kette	Tropfen	Hitze	Karpfen
Deutscher	Straße	Auge	Besteck
Pappe	Sachen	Städte	Mütze
Kasten	Hopfen	Kiste	Hetze

4 Manche Wörter lassen sich auf zwei Arten trennen (Regeln 5 und 6).

hin-auf oder ______________________

ein-an-der oder ______________________

wa-rum oder ______________________

da-rum oder ______________________

Sig-nal oder ______________________

Mag-net oder ______________________

Feb-ruar oder ______________________

Zyk-lus oder ______________________

5 Die folgenden Wörter sind falsch getrennt. Schreibe die richtige Trennung daneben.

Ank-er	______	Mus-ik	______
Wäs-che	______	Hot-el	______
Tasch-e	______	Loc-ke	______
Ka-tze	______	Ta-tze	______
Tro-pfen	______	Risp-e	______
E-ber	______	Fa-brik	______

6 Trenne die Wörter so, dass sie verständlich bleiben (Regel 7).
Beispiel: *falsch: → Spargel-der; richtig: → Spar-gelder*

Spieleröffnung	Bauerzeugnisse	Bucheinband	Teeernte
Bilderklärung	Teebaumplantage	Blumentopferde	Kaffeegenuss
Waschanlage	Meeresfische	Zooorchester	Flusssand

Tipp Bei zusammengesetzten Nomen mit drei gleichen Buchstaben trennt man am Ende des ersten Wortes, damit das Wort lesbar bleibt.
Beispiel: *Kaffee-ersatz statt Kaf-feeersatz*

7 Sprich die schwierigen Wörter laut. Gliedere sie in Sprechsilben.
Beispiel: *Geburtstagskuchen → Ge-burts-tags-ku-chen*

Computerbildschirm ______

Postbriefkastenentleerung ______

Briefmarkensammelalbum ______

Seifenkistenrennen ______

Regenschirmständer ______

8 Schreibe die Wörter richtig mit dem Silbentrennstrich auf.

HEREI	*Rei-he*	ENREßI	____________
EÄUBM	____________	ERRATS	____________
EATZT	____________	LENHTSUHL	____________
LEMMES	____________	LÖTEBUAME	____________
FERKÄ	____________	NMUMRSOLE	____________

9 Kreuze die richtige Silbentrennung an. Nimm das Wörterbuch zur Hilfe.

a)
- ☐ Pfef-fer-kö-r-ner
- ☐ Pfef-fer-kör-ner
- ☐ Pfe-f-f-erk-ör-ner

b)
- ☐ A-qua-r-ium
- ☐ A-qua-ri-um
- ☐ Aqua-ri-um

c)
- ☐ Zu-cker-ku-chen
- ☐ Zuc-ker-kuc-hen
- ☐ Zu-cker-ku-ch-en

d)
- ☐ Co-mp-u-ter-tasta-tur
- ☐ Com-pu-ter-tas-ta-tur
- ☐ Com-pu-ter-tas-ta-tur

Fehler-Check

Verbessere die Fehler. Schreibe die richtige Worttrennung darunter.
Beispiel: *falsch: Semm-el, richtig: Sem-mel*

a) e-le-gant

b) Ti-schka-nte

c) Zuc-ker-dos-e

d) Te-nni-s-schl-äger

e) Spo-rt-ruc-k-sa-ck

f) Wit-ze-erz-ähl-er

g) La-nge-weil-e

h) Rie-se-n-rad

i) zi-sch-en

j) Ka-tzen-ko-rb

k) So-mm-er-fest

l) I-gel

m) Kar-pf-en-teich

n) Nag-el-f-eile

o) Dusch-e

p) Te-rm-in-kal-en-der

☐ **Fehler**

0 – 3 Fehler Super!

4 – 8 Fehler In Ordnung!

mehr als 8 Fehler Bitte noch einmal üben!

Achtung: Fremdwörter!

Der Inschenör Otto Lilienthal (1848 – 1896) I
Otto Lilienthal war einer der angaschiertesten Pionire der Fliegerei II
und des Flugzeugbaus. Dem Deutschen gelang 1893 als erstem
Menschen ein Gleitflug von bis zu 250 m Länge. Inspirirt wurde er I
dabei durch die Beobachtung des Vogelfluges. Seine füsikalischen I
Beschreibungen über das Fliegen und seine zahlreichen Pattente I
waren wegbereitend für den Bau der ersten Motorflugzeuge.

Regeln

Die Schreibung von Fremdwörtern gehört nach wie vor zu den schwierigsten Bereichen der Rechtschreibung. In vielen Fällen ist es hilfreich, sich die Wörter durch **häufiges Lesen und Abschreiben** einzuprägen.

1. Fremdwörter sind über viele Jahrhunderte lang aus verschiedenen fremden Sprachen in den deutschen Wortschatz „eingewandert". Ihre Aussprache und Schreibung richtet sich **meist nach den Regeln der Herkunftssprache.**
   Beispiel:
   griechischer Herkunft: *Theater, Physik, Theorie, Mathematik*
   lateinischer Herkunft: *Nation, Zensur, Moment, Pionier*
   französicher Herkunft: *Toilette, Pommes frites, Engagement, Ingenieur*
   englischer Herkunft: *Make-up, Song, Job, Computer*

2. Fremdwörter **erkennt man häufig an verschiedenen Signalen** wie
   - den Buchstaben *ch, ph, rh, th* oder *c*
     Beispiel: *Chaos, Physik, Rharbarber, Thema, Scanner*
   - den Endungen *-age, -ee, -ett, -ette, -eur, -ik, -ie, -ion, -iv, -tät*
     Beispiel: *Garage, Kaffee, Parkett, Etikette, Friseur, Optik, Partie, Spion, aktiv, Kriminalität*

3. Einige Fremdwörter können inzwischen in der vereinfachten, eingedeutschten Schreibweise geschrieben werden.

- *ph* kann zu *f* werden:
  Beispiel: *Graphik – Grafik, Fotographie – Fotografie*
- *h* kann entfallen:
  Beispiel: *Thunfisch – Tunfisch, Panther – Panter, Joghurt – Jogurt*
- Schreibung mit Varianten:
  Beispiel: *Portemonnaie – Portmonee, Friseur – Frisör, Mayonnaise – Majonäse*

Tipp Verwende beim Schreiben von Fremdwörtern stets ein **Fremdwörterlexikon**. Hier findest du Informationen über die Herkunft und Bedeutung des Fremdwortes.
Es gibt zum Beispiel folgende Abkürzungen:
g./gr.= griechischer Herkunft, l./lat. = lateinischer Herkunft,
e./eng. = englischer Herkunft, f./fr. = französischer Herkunft
Beispiel: *Familie (lat.) = Lebensgemeinschaft*

Übungen

1 a) Lese die Fremdwörter unten laut. Übertrage die Tabelle in dein Heft und ordne die Fremdwörter dem Herkunftsland zu.
b) Erkläre die Bedeutung der Fremdwörter.
c) Schreibe zu jedem Fremdwort einen Aussagesatz in dein Heft.
Beispiel: *Till und David fahren am liebsten Skateboard.*

Chip – Sweatshirt – Toilette – Pinzette – Garderobe – Laptop – Charme – Joystick – Garage – Ingenieur – Couch – Skateboard – Jazz – Serviette – Song – Baguette – Croissant – Chanson – Friseur – Beat – Jalousie – Massage – Top Ten – Masseur – Comic

Fremdwörter

englischer Herkunft	französischer Herkunft

2 a) Setze die fehlenden Buchstaben richtig ein: *c, ch, ph, rh, th*.
b) Übertrage die Wörter geordnet nach den Gruppen *c, ch, ph, rh, th* in eine Tabelle in dein Heft.
c) Decke jede Gruppe mit einem Blatt ab und versuche, Fremdwörter aus dieser Gruppe noch einmal richtig zu schreiben.

___ema – ___ip – ___roissant – Apo___eke – Ma___ematik – ___eater – Stro___e – ___ysik – Katastro___e – ___abarber – ___ein – ___emie – Dis___o – ___erapie – Al___abet – Video___ek – ___ema – ___omi___ – Mikro___on – ___emie

3 Lese die Fremdwörter mit *Ch* am Anfang des Wortes laut vor.
Trage hinter dem jeweiligen Fremdwort den Laut ein, den du beim Sprechen hörst: [sch], [k] oder [ch].

Charme *(sch)*	Chanson ( )	Chaos ( )
Chemie ( )	Chronik ( )	Chlor ( )
Chirurg ( )	Chiffre ( )	Christmesse ( )
Chauffeur ( )	Charakter ( )	Orchester ( )
China ( )	Chor ( )	Chronik ( )

4 Welches Fremdwort passt? Notiere die Lösung.

Chiffre ▪ Chef ▪ Champignon ▪ Chicorée ▪ Chauffeur ▪ Christbaum

a) Vorgesetzte/Vorgesetzter in der Firma __________

b) Pilz, den man auf Wiesen finden kann __________

c) er fährt andere Leute mit dem Auto __________

d) Gemüse, das man mit Apfelsinen als Salat isst __________

e) geheime Nummer oder Ziffer __________

f) wird zum Weihnachtsfest aufgestellt __________

5 a) Welche Endung passt zu welchem Fremdwort?
b) Übertrage die Fremdwörter geordnet nach Endungen in dein Heft.

-age	Dat___	Buff___	Park___
-ett / -et			
-ee	Portmon___	Puber___	Kriminali___
-eur			
-ik	Sp___	Blam___	Mag___
-ion			
-iv	Part___	Jongl___	Techn___
-ie / -ei			
-tät	Opt___	akt___	Gar___

6 a) Schreibe zu jedem Verb Nomen ins Heft. Unterstreiche die Nachsilben.

massieren	operieren	dekorieren	konzentrieren
organisieren	informieren	applaudieren	konstruieren
illustrieren	installieren	transformieren	addieren

Beispiel: *informieren: Information – Informatik*

b) Übertrage die Tabelle ins Heft und ergänze in jeder Spalte mindestens vier Beispiele.

-ieren	-tion	-eur	-ik

7 a) Lese die Wörter. Was fällt dir auf?

Schonglör	Natzion	Sörwiss	Soze	Schopp
Balanz	Sonk	Garasche	Schelee	Füsick
Pasche	Etasche	Schendarm	Ratzion	Mek app

b) Schreibe jedes Fremdwort mit Hilfe des Wörterbuches richtig ins Heft. Notiere kurz seine Bedeutung.

Beispiel: *Jongleur = Geschicklichkeitskünstler, Gaukler*

8 a) Schreibe neben jedes Fremdwort die zweite Schreibform.
b) Bilde mit den Fremdwörtern Sätze.

Fotografie – ______________	Grafik – ______________
Biographie – ______________	Delphin – ______________
Mikrofon – ______________	Saxofon – ______________
Geografie – ______________	Paragraf – ______________

Fehler-Check

Setze die passenden Fremdwörter in der richtigen Schreibweise ein.

Inurniege ▪ krosMikop ▪ ieDynast ▪ ierAtel ▪ orCh ▪ Maagsse ▪ ieTherap ▪ eurssaM ▪ syPhik ▪ ieChme

a) Eine ______________ ist ein Herrschergeschlecht, so wie die Windsors in England.

b) Im Labor werden die Stoffe unter dem ______________ untersucht.

c) In ihrem ______________ malt und töpfert die Künstlergruppe.

d) Bereits im Fach NAWI beschäftigen sich die Schüler mit der ______________ und ______________.

e) Wer krank ist, sollte sich einer ______________ unterziehen.

f) Der ______________ entwickelt zum Beispiel Maschinen.

g) Wir singen gemeinsam im ______________ unserer Schule.

h) Der ______________ hat die ______________ so gut durchgeführt, dass die Schmerzen verschwunden sind.

☐ Fehler	0 – 1 Fehler	2 – 4 Fehler	mehr als 4 Fehler
	Super!	In Ordnung!	Bitte noch einmal üben!

8 Häufig falsch geschriebene Wörter

Das Stattfest I

Heute findet wider einmal das alljährliche Stattfest stadt. Wir III

wollen dort hingehen. Zuerst müssen wir mit der S-Bahn leider

kver durch die Stadt fahren. In der vollen S-Bahn wird man immer I

gekwetscht. Das ist gar nicht lustich. Das Fest hat bestimmt wider III

großen Erfolg, auch wenn es den Wiederstand der Anwohner I

wegen des waksenden Alkoholkonsums gab. I

Regeln: *Stadt* oder *statt* ?

Die folgenden Regeln und Übungen sollen dir helfen, häufig falsch geschriebene Wörter künftig richtig zu schreiben.

1. Man schreibt ***Stadt***, wenn sich das Wort auf die **Stadt bzw. Großstadt** bezieht.
   Beispiel: *das Stadtviertel, die Stadtbahn, der Stadtverkehr, städtisch*

2. Das Wörtchen ***statt*** kann sowohl im Sinne von ***anstatt / gegen etwas*** oder am Wortende als Endsilbe ***-statt* im Sinne von *Ort / Stätte*** verwendet werden.
   Beispiel: *die Werkstatt, die Begräbnisstätte, die Gedenkstätte*
   Statt zu trainieren, musste er fürs Diktat üben.

3. Merke dir auch die Verben *stattfinden*, *stattgeben* und die Präposition *stattdessen*.

Übungen

1 *Stadt* oder *statt*? Lies jeden Satz und fülle die Lücke richtig aus.

a) Die Haupt_____ von Deutschland heißt Berlin.

b) In jeder Groß_____ gibt es einen massiven _____verkehr.

c) _____ nur am PC zu sitzen, solltest du dich auch mal verabreden.

d) Köln ist eine weltbekannte Dom_____, wo jedes Jahr ein großer Karnevalsumzug _____findet.

e) In der Werk_____ meines Onkels kann man schreinern und bauen.

f) Die östlichen Bundesländer verzeichnen sinkende Einwohnerzahlen. Die _____bevölkerung von Leipzig ist _____dessen rasant gewachsen.

g) In Weimar befindet sich die Gedenk_____ für das KZ Buchenwald.

2 Lasse dir die Sätze aus Aufgabe 1 in gemischter Reihenfolge noch einmal diktieren. Vergleiche deinen Text mit den Lösungen.

Regeln: *-ig* und *-lich*

4. Viele Adjektive werden am Wortende mit *-ig* oder *-lich* geschrieben. Um die richtige Schreibweise herauszufinden, musst du die Verlängerung bilden.
Beispiel: *herzlich → das herzliche Wiedersehen*
schläfrig → der schläfrige Welpe

Übungen

3 Ergänze die richtige Adjektiv-Endung, indem du die Verlängerung bildest. Kombiniere dann jedes Adjektiv mit einem Nomen.

~~Erfolg~~ ▪ Urteil ▪ Herrscher ▪ Morgen ▪ Chef ▪ Buch ▪ Nachbarn ▪ Verwechslung ▪ Ereignis ▪ Welpe ▪ Vater ▪ Kind ▪ Test ▪ Wetter ▪ Pony ▪ Essen ▪ Tisch ▪ Kaninchen ▪ Kätzchen

mittelmäß*ig* – *der mittelmäßige Erfolg*
weinerl____ – ____________________
gnäd____ – ____________________
art____ – ____________________
eck____ – ____________________
schriftl____ – ____________________
herrl____ – ____________________
dunst____ – ____________________
heil____ – ____________________
farb____ – ____________________
salz____ – ____________________
durst____ – ____________________
eil____ – ____________________
lächerl____ – ____________________
versehentl____ – ____________________
großzüg____ – ____________________
ängstl____ – ____________________
freundl____ – ____________________

Regeln: *wieder* oder *wider* ?

5. ***Wider*** wird mit einfachem *i* geschrieben, wenn es in der **Bedeutung von *gegen*** verwendet wird.
   Beispiel: *widersprechen, sich widersetzen, Widerstand, Widerspruch*

6. ***Wieder*** mit der **Bedeutung von *zurück*** wird mit *ie* geschrieben. Verbindungen mit *wieder* werden gewöhnlich zusammengeschrieben.
   Beispiel: *wiederholen, wiederkommen, die Wiedergutmachung*

7. Wird ***wieder*** im Sinne von ***nochmals/erneut*** gebraucht, schreibt man ***wieder* und das folgende Verb getrennt.**
   Beispiel: *Er hat sie wieder erkannt. Sie haben es wieder versucht.*

Übungen

4 *Wieder* oder *wider*? Lese die Sätze und achte auf den Inhalt. Setze die richtige Form ein.

a) Der Tiger wurde __________ seinen Willen __________ eingesperrt.

b) Der __________stand der Soldaten war zwecklos.

c) Die Kuh ist ein Säugetier und gehört zu den __________käuern.

d) Das Eiscafe „Dolomiti“ ist endlich __________ eröffnet.

e) Wir __________rufen unsere Aussage vor Gericht.

f) Die Zeugenaussagen haben sich __________sprochen.

g) Seine ständigen __________worte ärgerten sie schon lange.

h) Das __________sehen nach mehr als einem Jahr war sehr schön.

i) Dies war schon der zweite Einbruch. Die Diebe hatten es __________ versucht.

j) Sie diskutierten lange über das Für und __________ dieser Lösung.

Regeln: Wörter mit *qu*

8. Es gibt einige Wörter, bei denen man den Laut „kw“ spricht, ihn jedoch *qu* schreibt.
Beispiel: *der Quark, die Qualle, der Quader, quadratisch*

Übungen

5 Trenne in der Wortschlange jedes Wort mit einem Trennungsstrich.

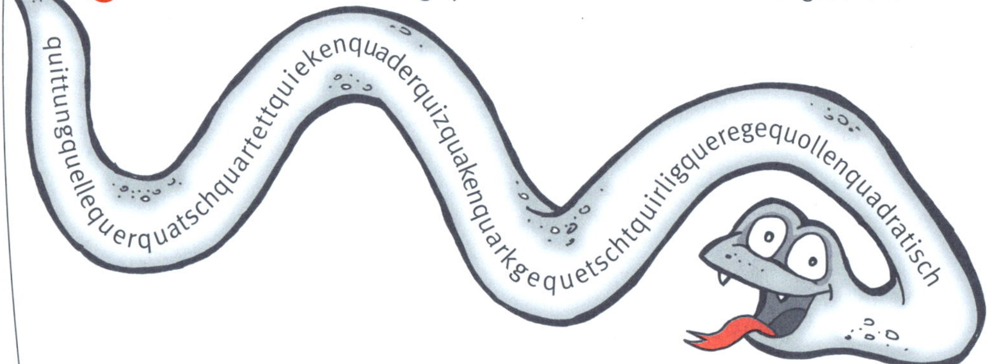

6 Bilde mit jedem Wort der Wortschlange einen Aussagesatz im Heft. Achte bei Nomen auf die Großschreibung und den richtigen Artikel.
Beispiel: *Bei jedem Einkauf erhält man eine Quittung.*

Regeln: der „ks“-Laut

9. *x, ks, chs, gs* oder *cks*?
Den „ks“-Laut kann man auf fünf unterschiedliche Weisen schreiben.
- Bilde bei Verben die Infinitivform. Am Wortstamm erkennst du dann, welchen der fünf „ks“-Laute du schreiben musst.
- Suche bei Nomen nach verwandten Verben.

Beispiel: *gs: du fragst – fragen, du siegst – siegen*
chs: es wächst – wachsen; das Wachstum
cks: es kleckst – kleckern; du weckst – wecken

10. Die Schreibung mit *x* kommt meist nur in Fremdwörtern vor.
Beispiel: *das Fax, das Examen, exquisit, exklusiv*

Übungen

7 *X, ks, chs, gs* oder *cks*? Setze den richtigen „ks"-Laut ein.
Bilde dabei die Infinitivform des Verbs bzw. bei Nomen den Plural.
Beispiel: *denkst → denkst – denken*

len___t fa___en e___tra Mi___er än___tigen

An___t verste___t he___en wä___t den___t

wa___en flie___st gewa___en Fa___ La___

Fehler-Check

Achtung: Hier wimmelt es von Wörtern, die häufig falsch geschrieben werden. Setze die fehlenden Buchstaben richtig ein.

a) Im späten Sommer hört man am Teich viele Frösche ___aken.

b) Wir werden das Diktat ___holt üben und es dann ___um selbst korrigieren.

c) Zum Mittag gab es gab es frisch gefa___enen La___ mit Kartoffeln und einem Kle___ Soße aus Sahne und Meerrettich.

d) Die ___arktorte von Oma schme___t allen am besten.

e) Durch die ___sprüchlichen Aussagen hat sich der Täter verraten.

f) Sta___ hier zu schlafen, solltest du lieber die Sta___ besichtigen.

g) Es ist wie verhe___t, ständig fällt etwas herunter.

h) Das Stück war sehr lust___. Sie haben sich kön___li___ amüsiert.

i) Der W___derspruch wird w___der züg___ schriftl___ eingereicht.

___ **Fehler**

0 – 3 Fehler **Super!**

4 – 9 Fehler **In Ordnung!**

mehr als 9 Fehler **Bitte noch einmal üben!**

L

Lösungen

Kapitel 1: Groß- und Kleinschreibung

Die Anrede: *Sie* oder *sie*? *Du* oder *du*?

Seite 6

1 **Brief 1** (Privat, Groß- oder Kleinschreibung. Wichtig ist eine einheitliche Schreibweise.)
Hallo Luca,
toll, dass Du/du bald wieder zu mir nach Bremen kommen möchtest! Im letzten Brief hast Du/du mir ja geschrieben, dass Du/du nun auch ein Skateboard hast. Bei uns gibt es eine tolle Skaterbahn – erinnerst Du/du Dich/dich noch an die letzten Ferien? Da haben wir uns dort mit meinen Kumpels getroffen. Bringst Du/du bitte auch die neueste CD von Pink mit? Die können wir uns dann ja auf dem MP5-Player anhören.
Wann genau kommt Dein/dein Zug am Hauptbahnhof an? Wenn Du/du möchtest, kannst Du/du mir auch kurz eine SMS schicken!
Bis bald!
Machs gut, Dein/dein Tommy

Brief 2 (öffentlich, Großschreibung)
Sehr geehrter Herr Rektor Wiesenbaum,
wir möchten Ihnen heute für Ihre netten Worte zu unserem Sportfest danken! Gern würden wir Ihr Angebot annehmen und auf dem Sportplatz Ihrer Schule trainieren. In Ihrer Rede haben Sie uns auch versprochen, dass wir uns alle auf neue Trikots freuen dürfen, denn Sie haben gute Verbindungen zur Firma „Technodrom“. Vielleicht könnten wir uns dazu nochmals bei Ihnen melden, um die Farben und Aufdrucke abzustimmen. Toll, dass Sie sich für unsere Sportler einsetzen! Vielen Dank für Ihre Hilfe!
Mit freundlichen Grüßen
i.V. Max Müller, 1. Vorsitzender der SV „Eintracht“

Seite 7

2 **Briefausschnitte**

a) Hallo Tessa,
schön, dass Du/du mich in den Ferien besuchen kommen möchtest! Dann können wir das neue Kinocenter besuchen, von dem ich Dir/dir im letzten Brief berichtet habe. Denkst Du/du bitte daran, Deine/deine Inliner mitzunehmen!
(privater Brief; Groß- oder Kleinschreibung. Wichtig ist, dass die Schreibweise einheitlich ist.)

b) In Ihrem letzten Telefonat teilten Sie mit, dass Sie für den neuen Spielplatz an der Schule spenden möchten. Das finden wir von Ihnen sehr nett!
(nicht privater/öffentlicher Brief)

c) Hast Du/du etwa vergessen, dass wir gestern verabredet waren? Leider bist Du/du nicht zum Treffpunkt am Marktplatz gekommen. Rufst Du/du mich kurz zurück, was los ist? Bis bald!
Deine/deine Freundin Karo (privater Brief)

Fehler-Check

Seite 8

Sehr geehrter Herr Meier,
da Sie uns als Züchter von Sennenhunden empfohlen worden sind, möchte ich Sie hiermit fragen, wann ich mit meinen Eltern mal bei Ihnen vorbeikommen darf, um mir die Hunde anzusehen. Bitte schlagen Sie uns einen Termin vor, der Ihnen passt. Meine Eltern sind berufstätig, daher hätten sie (Personalpronomen!) am besten am Wochenende Zeit. Wenn Sie möchten, können Sie (Anredepronomen) sie (Personalpronomen) auch telefonisch erreichen unter 02920/3434. Vielen Dank, dass Sie sich bald melden werden!
Mit besten Grüßen
Ihre Mara Bremer und Eltern (nicht privater/öffentlicher Brief)

Liebe Oma,
heute möchte ich Dir/dir meinen größten Wunsch schreiben! Kannst Du/du Dir/dir vielleicht denken, was das sein könnte? Ich wünsche mir zum Geburtstag einen Hund! Weißt Du/du noch, wie ich mich immer um Deinen/deinen Hund gekümmert habe, als Du/du verreist warst? Bitte, Oma, helfe mir, Mama und Papa zu überzeugen! Ich habe Dich/dich ganz doll lieb! Danke für Deine/deine Hilfe!
Deine/deine Mara
(privater Brief; Groß- oder Kleinschreibung. Wichtig ist, dass die Schreibweise einheitlich ist.)

Nominalisierungen immer groß

Seite 10

1. Individuelle Lösungen. Hier einige Beispiele (die Nominalisierungen sind unterstrichen): Alle Großen dürfen zum Schwimmen. Beim Zeichnen im Sitzen ist etwas Dummes passiert. Ich habe wenig Gutes über ihn gehört. Ich ahne nichts Gutes. Beim Laufen hat sie sich den Fuß gebrochen. Das Dumme ist, dass ich den Termin vergessen habe.

Seite 11

2. a) Blütennektar wird von Pflanzen zum Anlocken von Tieren verwendet.
   b) Die angelockten Tiere tragen so zum Verbreiten der Pollen und Samen bei.
   c) Sie helfen damit den Pflanzen beim Fortpflanzen ihrer eigenen Art.
   d) Bienen helfen durch häufiges Anfliegen der Blüten und das Abnehmen der Pollen den Pflanzen beim Befruchten.

3. **Frühlingsblumen selber großziehen**
   Zum Züchten von Frühlingsblumen braucht man eine Kiste Aussaaterde. Das Einsetzen der Zwiebeln in die Erde ist einfach: Setze die Spitze der Zwiebel nach unten. So kannst du das Ausbilden der Wurzeln fördern. Während des Wachsens solltest du die Zwiebel leicht angießen. Durch vorsichtiges Düngen erreichst du ein vorschnelles Blühen deiner Tulpen oder Narzissen. Du kannst die Zwiebel nach dem Verblühen der Pflanzen auf den Kompost legen. Wenn das Laub trocken ist, kann es abgeschnitten werden. Durch erneutes Einsetzen der Zwiebeln in die Erde erreicht man ein erneutes Blühen.

Lösungen

Seite 12

4 Individuelle Lösungen. Hier einige Beispiele:

Begleiter + nominalisiertes Verb	Begleiter + nominalisiertes Adjektiv
beim Werfen	viel Gutes
mein Kochen	dieses Helle
gutes Arbeiten	jenes Gute
jenes Werfen	etwas Dummes, etwas Neues
langes Schreiben	nichts Altes, nichts Schönes
beim Schlafen	viel Neues, viel Gutes
aufs Essen	das Neue, das Alte, das Schöne
mein Essen	alles Schöne, alles Alte, alles Neue
das feine Essen	jenes Ferne ...
beim Berichten	
das lange Arbeiten	
das Klagen ...	

Seite 13

Fehler-Check

Wie Pflanzen ihr Blühen bestimmen

Die Entscheidung, mit dem Blühen zu beginnen, ist für jede Pflanze riskant. Die Blüten benötigen Energie und wenn nochmals Minusgrade kommen, könnte das die Pflanze das Leben kosten. Pflanzen haben daher ein geniales Verfahren. Sie messen nicht nur die Temperatur und das Licht, sondern auch die Tageslänge. Somit können die ersten wärmeren Sonnenstrahlen im Januar keine Pflanze dazu bewegen, ein schnelles Wachsen in Gang zu setzen. Auch Pflanzen üben sich im Speichern von nützlichen Informationen. Das so gewonnene Wissen wird an die Pflanzennachkömmlinge weitergegeben.

Zeitangaben

Seite 15

1

kleingeschrieben	großgeschrieben
abends	der Abend, am Abend
morgens	der Morgen
mittwochs	am Mittwoch
donnerstagsmorgens	am Donnerstagmorgen
vormittags	am Vormittag
nachts	die Nacht, in der Nacht
freitagnachmittags	am Freitagnachmittag
sonntagmorgens	am Sonntagmorgen

❷ a) Wir treffen uns donnerstagnachmittags am Eingang des Zoos.
b) Tim geht jeden Montagabend zum Volleyballtraining.
c) Am schönsten findet Jana es, wenn sie den Samstagabend mit ihren Eltern verbringen kann.
d) Können wir uns mittwochs zum Laufen treffen?
e) Am Dienstagmorgen fährt er mit der U-Bahn zum Museum.
f) Sein Vater liest morgens als erstes die Zeitung und trinkt dazu Kaffee.
g) Kais Mutter geht jeden Morgen joggen.

Seite 16

❸ Individuelle Lösungen. Hier einige Beispiele (Zeitangaben sind unterstrichen): Die Klasse hat montags immer Sport und Kunst. Heute Abend ist ein Elternabend. Mittwochabends gehe ich immer zum Fußball. Jeden Samstagmittag bleibt die Küche kalt. ...

Seite 17

Fehler-Check

Kathrin und Lena wollen am kommenden Montag mit den Eltern in die Türkei fliegen. (Regel 1) Deshalb überlegten sie gestern Abend, was bis dahin noch alles zu erledigen ist. (Regel 2) Kathrin ruft: „Denke daran, dass Oma und Opa am nächsten Samstag kommen. (Regel 1) Wir müssen sie morgen Abend wegen der Ankunft des Zuges anrufen. (Regel 2) Kommenden Freitag ist es dafür zu spät.“ (Regel 2) Lena antwortet: „Du hast doch mittwochs deinen Yoga-Kurs. (Regel 3) Hast du den schon abgesagt?“ Kathrin meint: „Das erledige ich heute Abend. (Regel 2) Am besten werde ich morgen in der Frühe für Opa und Oma eine lange Liste schreiben. (Regel 2) Lass uns besser heute Abend noch besprechen, was wir alles in die Koffer packen!“ (Regel 2)

Kapitel 2: Getrennt oder zusammen?

Wortverbindungen aus Nomen und Verben

Seite 19

❶ a) Folgende Verbindungen können gebildet werden: Haare waschen, Würstchen grillen, eislaufen, Hosen bürsten, handhaben, Rad fahren, Zaun streichen, Auto fahren, Zimmer tapezieren

❷ a) Das Radfahren / ~~Rad fahren~~ durch den Park ist toll!
b) Beim Fußballspielen / ~~Fußball spielen~~ hat sich David am Bein verletzt.
c) Tina nimmt zum Geschirrabwaschen / ~~Geschirr abwaschen~~ immer ein hautfreundliches Spülmittel.
d) Wir wollen das ~~Essenkochen~~ / Essen kochen.
e) Das Essenkochen / ~~Essen kochen~~ für die Eltern macht uns Spaß.
f) Jana verdient sich durch das Rasenmähen / ~~Rasen mähen~~ etwas Taschengeld.
g) Das Blumenpflücken / ~~Blumen pflücken~~ im Park ist nicht erlaubt.
h) Wir wollen dieses Teil haben / ~~teilhaben~~.
i) Zum Abkühlen muss die Marmelade auf dem ~~Kopfstehen~~ / Kopf stehen.

Lösungen

Seite 20

3. a) Frau Meier hofft, in der neuen Firma Fuß fassen zu können.
   b) Wenn das deine Eltern sehen, werden sie kopfstehen!
   c) Das ewige Angsthaben bringt dich auch nicht voran, im Gegenteil!
   d) Das Skilaufen hat sie während der Klassenfahrt gelernt.
   e) Beim Sportfest zeigte Kai, wie toll er kopfstehen kann.
   (aber: ... wie toll er auf dem Kopf stehen kann.)
   f) Vor der Schwimmprüfung brauchst du absolut keine Angst haben.

4. Mögliche Nominalisierungen: beim Fahrradfahren, durch das Trampolinspringen, das Ratsuchen, häufiges Kakaotrinken, beim Pizzaessen, zum Tischdecken, das Autofahren, durch häufiges Bücherlesen

5. Verbindungen mit Verben: lobpreisen, schlussfolgern, maßregeln, Rat suchen, Antwort geben

Seite 21

Fehler-Check

a) Jubel nach Eurovisionssieg: Hannover wird kopfstehen
b) Endlich energiesparende / Energie sparende Glühbirne auf dem Markt
c) Hilfe für notleidende / Not leidende Kinder in Afrika
d) Gewinnbringende / Gewinn bringende Geschäfte mit Russen geplatzt
e) Großes Aufsehen erregende Szenen im neuen Kinofilm (Die Getrenntschreibung ist zwingend wegen dem Adjektiv *großes*, das sich auf *Aufsehen* bezieht.)
f) Diensttuender / Dienst tuender Polizist von Rockern erschossen
g) Ein Idyll für erholungsuchende / Erholung suchende Touristen!
h) Das nervenzerfetzende / Nerven zerfetzende WM-Qualifikationsspiel fand statt
i) Hilfesuchender / Hilfe suchender Obdachloser verprügelt
j) Kinder wollen eislaufen und brechen im zugefrorenen See ein
k) Arbeitnehmer wollen an Unternehmensgewinnen teilhaben
l) Ausflüge auf zwei Rädern: Radfahren wird immer beliebter

Seite 23

Verben in Verbindung mit Verben und Adverbien

1. a) Wenn dich jemand nicht mag, solltest du ihn links liegen lassen (auch: liegenlassen).
   b) Tessa strengt sich in Mathe an, denn sie will nicht sitzenbleiben (auch: sitzen bleiben).
   c) Wollen wir heute mit den anderen aus der Klasse spielen gehen?
   d) Der Nachbar sollte nicht ständig den Motor seines Autos laufen lassen.
   e) In dem dichten Gedränge war das Kennenlernen neuer Gäste nicht einfach.
   f) Er hat seinen langjährigen Freund fallenlassen (oder: fallen lassen), ohne mit der Wimper zu zucken.
   g) Als die Straßenbahn plötzlich ruckartig anfuhr, hat er seine Tüte mit Äpfeln fallen lassen.
   h) Der Aktenstapel wurde immer höher. Sein Kollege hatte viele Anfragen vor dem Urlaub einfach liegen lassen.
   i) Die Regeln für das Getrenntschreiben sind jetzt verständlich geworden.

2 Individuelle Lösung

Fehler-Check

Seite 24

a) Das Sitzenbleiben in der Schule kann zu Ärger mit den Eltern führen.
b) Du solltest deinen kleinen Bruder schlafen lassen.
c) Beim Spazierengehen begegneten uns viele Bekannte.
d) Zum richtigen Urlaub gehört das Kennenlernen fremder Gewohnheiten.
e) Du solltest deine Freundin nicht links liegen lassen (oder: liegenlassen).
f) Manchem fällt das Achtenlernen älterer Menschen nach wie vor schwer.
g) Er will immer für seine Freunde da sein.
h) Das Dasein hat auch seine Schattenseiten.

Verbindungen aus Adjektiv und Verb

Seite 26

1 Mögliche zusammengesetzte Verben: umfahren, vollstellen, liebäugeln, wegbringen, hintergehen, widersprechen, langweilen, untergraben, hinsehen, untergehen, hinsehen

2 a) Mario meint, dass er Freitag blaumachen will.
b) Er möchte endlich mal wieder lange schlafen.
c) Seinen Eltern will er weismachen, dass er Kopf- und Ohrenschmerzen hat.
d) Das dürfte ihm nicht schwerfallen, denn er kann gut schauspielern.
e) Der Arzt wird ihn krankschreiben.
f) Dann kann Johannes den ganzen Tag fernsehen oder am PC spielen.
g) Falls das Vorhaben jedoch schiefgeht, würde er sich garantiert schwarzärgern.
h) Plötzlich fällt ihm ein, dass nachmittags das Skater-Treffen stattfinden wird. Vielleicht sollte er seinen Plan noch einmal überdenken.

Seite 27

3/**5** a) **frei sprechen**
Kannst du das Gedicht frei sprechen?
Der Richter wird den Angeklagten freisprechen.

b) **leicht fallen**
Wenn du unvorsichtig kletterst, wirst du leicht fallen.
Nach jahrelangem Training wird ihm der Wettkampf leichtfallen.

c) **sicher gehen**
Wir konnten sichergehen, dass wir die Prüfung bestehen werden.
Leider konnten wir auf der vielbefahrenen Straße nicht sicher gehen und mussten einen Umweg machen.

L

Lösungen

4 a) Wir müssen dies unbedingt geheim halten / ~~geheimhalten~~.
b) Will man alles richtig schreiben / ~~richtigschreiben~~, muss man ~~Regel mäßig~~ / regelmäßig üben.
c) Wenn man mit Bus oder Bahn ~~schwarz fährt~~ / schwarzfährt, muss man ein Bußgeld bezahlen.
d) Bald wird es mit unserer Fußballmannschaft aufwärts gehen / ~~aufwärtsgehen~~.
e) Anka wird es nach dieser Trainingsform ~~leicht fallen~~ / leichtfallen, den Wettkampf zu gewinnen / ~~zugewinnen~~.
f) Sie müssen den Brief erst ~~frei machen~~ / freimachen.
g) Die Geiseln sind nach sechs Wochen endlich freigekauft / ~~frei gekauft~~ worden.
h) Sie wird ihren Vortrag auf der Konferenz ~~freihalten~~ / frei halten.
i) Könntest du mir einen Platz freihalten / ~~frei halten~~.

Seite 28

6 Mögliche Verbindungen: zusammenfahren, weglaufen, herunterbiegen, herunterbrechen, umherführen, umherkommen, zustellen, übertreten, überwerfen, gegenüberstellen, hinaussehen, drauflos gehen

Seite 29

Fehler-Check

a) Am Wochenende liebäugelte er mit seiner ersten Radtour.
Er konnte sich sicher sein, dass die Sonne scheinen würde. Doch gerade wegen des Ausflugsverkehrs konnte er sich auf den Straßen nicht immer sicher fühlen, sondern musste eine Strecke mit Radwegen auswählen.
b) In ihrem Kopf hatte sich in den vergangenen Tagen Unmut breitgemacht.
Sie wünschte sich, im Urlaub zu sein. Das Warten bis zu den Ferien würde ihr schwerfallen. Sie konnte sich allerdings nicht ganz davon freisprechen, dieser Situation zugestimmt zu haben. Ihre Kollegin war schwer gefallen, hatte sich mehrere Rippen und das Bein gebrochen, und anstatt endlich blauzumachen, musste sie ihren Urlaub um mehrere Wochen verschieben. Immerhin wurden ihr die Stornierungsgebühren von ihrer Firma gutgeschrieben.

Kapitel 3: Gleich klingende Vokale

Seite 31

Der i-Laut: *i*, *ie*, *ih* und *ieh*

1 a) + b) liegen – die Liege, fließen – der Fluss, sieben – das Sieb, verlieben – die Liebe, schießen – der Schuss, riefen – der Ruf, lieben – die Liebe, vergießen – der Guss, sanieren – die Sanierung
c) Individuelle Lösung

Seite 32

2

biegen – fliegen	Kiefer – Schiefer
Hiebe – Diebe	vermiesen – Riesen
gießen – schießen	kriechen – riechen
Bier – mir	Sieb – Hieb
Vieh – Knie	

3 die Rasur – rasieren
der Export – exportieren
die Ruine – ruinieren
das Studium – studieren
das Referat – referieren
das Training – trainieren
die Kontrolle – kontrollieren
die Diskussion – diskutieren
der Radiergummi – radieren
der Applaus – applaudieren
die Inspektion – inspizieren

4 a) Wir singen gemeinsam ein Lied.
b) Sein Augenlid ist entzündet.
c) Der Stil der Musik ist angenehm.
d) Der Besenstiel ist zerbrochen.
e) Grippe ist durch Viren übertragbar.
f) Wir Vier ziehen um die ganze Welt.
g) In der Goldmine besteht Einsturzgefahr.
h) Zieh doch nicht so eine Miene!

Seite 33

5

	schlafen	stoßen	laufen	fallen	steigen
ich	schlief	stieß	lief	fiel	stieg
du	schlief(e)st	stieß(e)st	lief(e)st	fiel(e)st	stieg(e)st
er/sie/es	schlief	stieß	lief	fiel	stieg
wir	schliefen	stießen	liefen	fielen	stiegen
ihr	schlief(e)t	stieß(e)t	lief(e)t	fiel(e)t	stieg(e)t
sie	schliefen	stießen	liefen	fielen	stiegen

6 a) das Krokodil
b) der Biber
c) der Tiger
d) der Igel
e) das Wiesel
f) der Kiwi

7 Aufstieg in die Lese-Liga
Wer viel liest, ist nicht nur gut in Rechtschreibung, sondern auch gebildeter als andere. Auch die Phantasie wird durch das Lesen interessanter Bücher gefördert. Man erhält Tipps, Ideen und Hinweise für das Schreiben eigener Texte. Jeder kann, genauso wie beim Sport, durch tägliches Lesen seine Leseleistung trainieren, um in die Lese-Liga aufzusteigen.

Fehler-Check

Seite 34

Krokodile lieben ein prima Klima
Krokodile können ihre Körpertemperatur nicht von innen regeln. Sie verbringen den größten Teil des Tages damit, sich entweder abzukühlen oder sich aufzuwärmen. Nach einem kühleren Bad zum Beispiel muss sich das Krokodil erst einmal wieder in die Sonne legen. Es liegt dort stundenlang. Leider sind bereits siebzehn von zweiundzwanzig Krokodilarten vom Aussterben bedroht. Ähnlich wie die Tiger wurden sie rücksichtslos gejagt und getötet. Viele Länder haben nun gezielt geregelt, wie viele Tiere im Jahr gejagt werden dürfen. In manchen Regionen der Welt stehen sie sogar unter Naturschutz.

Lösungen

Seite 36

Das Dehnungs-h

1 a)

Dehnungs-h			
vor l	vor m	vor n	vor r
wählen	nehmen	belohnen	bohren
Zahl	Ruhm	verhöhnen	vermehren
kahl	Rahmen	Bühne	Ohr
Höhle	zahm	Zahn	fahren
Mehl	lahm	Lohn	Rohr

b) Individuelle Lösungen

2 die Zahl – bezahlen, zahlbar, zählen, der Zähler, gezählt
der Lohn – belohnt, gelohnt, die Belohnung, der Jahreslohn, lohnen
der Befehl – befehlen, die Befehlsverweigerung, sie befahlen, die Befehle, der Befehlston
die Höhle – der Höhleneingang, der Höhlenmensch, die Eiszeithöhle, höhlenartig, ausgehöhlt
das Rohr – die Rohre, die Rohrleitung, das Abwasserrohr, die Rohrverlegung, der Rohrbruch

3 a) Der Müller mahlt das Mehl in der Mühle.
b) Der Maler malt ein Porträt einer berühmten Person.
c) Die Schneiderin näht den Saum des Gehrockes zu.
d) Die Mahlzeit im Restaurant schmeckte vorzüglich.
e) In der Höhle sahen wir viele interessante Gesteine.
f) Auf der Bühne des Theaters treten bekannte Darsteller auf.

Seite 37

4 er näht – nä-hen
es sieht – se-hen
es glüht – glü-hen
sie verzeiht – ver-zei-hen
du stehst – ste-hen
er führt – füh-ren
er weht – we-hen
er verleiht – ver-lei-hen
er mäht – mä-hen
es blüht – blü-hen

5 a) fehlen, ohne, Mahl, wählen, Mehl, Reh, nehmen, sehen, gehen, Reihe, Bohne, Weihe, wahr, Bahre, ähnlich, Nahrung, ruhig
b) fehlen – die Fehler
ohne – ohnehin
Mahl – die Mahle
nehmen – das Benehmen
sehen – sehende
Weihe – die Kirchweihe
Bahre – aufbahren
Nahrung – ernähren
wählen – die Wähler
Mehl – die Mehle
Reh – die Rehe
Bohne – der Bohnensalat
wahr – die wahren Gründe
ähnlich – die Ähnlichkeit
ruhig – die Ruhe
c) feh-len, oh-ne, Mahl, wäh-len, Mehl, Reh, neh-men, se-hen, ge-hen, Rei-he, Boh-ne, Wie-he, wahr, Bah-re, ähn-lich, Nah-rung, ru-hig

Fehler-Check

Seite 38

Eine ungewöhnliche Bahnfahrt
In der Eifel kamen am vergangenen Wochenende Eisenbahn-Fans auf ihre Kosten. Im Rahmen eines Dampflokspektakels wurden die alten Bahnen, welche mit Kohle beheizt werden, in ihrer ganzen Pracht gezeigt. Pünktlich um 10 Uhr hörte man bereits aus weiter Ferne das Pfeifen der alten Dampfbahnen. Zahlreiche Besucher kamen, um die Bahnen nicht nur zu bestaunen. Viele Leute fuhren mit den alten „Damen" und genossen das angenehme Gefühl, wie vor über 60 Jahren. Die Fahrgäste wurden mit viel schwarzem Ruß und lautem Getöse während der Fahrt belohnt. Ein Genuss fürs Auge und fürs Ohr waren die ankommenden und wieder abfahrenden Loks. Man sah überall nur strahlende Gesichter!

E oder *ä*, *eu* oder *äu*?

Seite 40

1 a) ä – a

verändern – anders, Länge – lang, wählen – Wahl, Bäcker – backen, Erkältung – kalt, Gepäck – packen, Kästen – Kasten, Wärme – warm, ergänzen – ganz, erklären – klar, Gärtner – Garten, Näherin – Naht

äu – au

Säure – sauer, äußerlich – außen, du läufst – laufen, Bäuerin – Bauer, Säugling – saugen, träumen – Traum, Häuptling – Haupt, Verkäufer – verkaufen, häufig – Haufen, Sträucher – Strauch, Zäune – Zaun

2 a)

die Häute	–	die Haut	die Kräfte	–	die Kraft
die Plätze	–	der Platz	die Ämter	–	das Amt
die Mäntel	–	der Mantel	die Läden	–	der Laden
die Äste	–	der Ast	die Bänke	–	die Bank
die Nägel	–	der Nagel	die Pläne	–	der Plan
die Fächer	–	der Fächer	die Gärten	–	der Garten
			die Länge	–	die Länge

b) Mögliche Lösungen:
Haut: häuten, Hornhaut, dünnhäutig
Platz: platzieren, platzen, Fußballplatz
Kraft: entkräftet, kraftvoll, kräftig, verkraften
usw.

Seite 41

3 a) Der Adler beäugt seine Beute.
b) Die Bäuerin säugt das Kälbchen mit der Milchflasche.
c) Wenn es heute regnet, wird Jonas sich ärgern.
d) Tatsächlich haben auch Tiere ein gutes Gedächtnis.
e) Das Rätsel beschäftigte ihn noch in seinen Träumen.
f) Es ist gebräuchlich, sich vor dem Essen die Hände zu säubern.

4 Lämmer, Hundeschnauze, sich sträuben, Geräuschpegel, Sägeblatt, Garnknäuel, Heulsuse, grässlich, sich täuschen, hässlich, wegräumen, krähen, Säuger, Länge, Gespräch

Seite 42

Fehler-Check

Näher als jeder andere

Die Rauchschwalbe ist den Menschen näher als jeder andere Wildvogel. Ohne Furcht zieht sie in die Ställe und Gebäude ein und baut hier ihr Nest. Schwalben galten dem Menschen als „Glücksboten“. Früher glaubte man fest daran, dass Schwalben die Häuser vor Feuer schützen.
In Hessen soll ein Turmwächter die Ankunft der ersten Schwalbe mit dem Hornbläser angekündigt haben. Die Rauchschwalbe nennt man übrigens auch Bauernschwalbe, denn sie nistet am liebsten in Kuhställen. Sie hält ihrem Nest jährlich die Treue. Nur in der Wahl des Partners sind Schwalben weniger treu!

Seite 44

Die Doppelvokale *aa, ee, oo*

1 Saal – Aal, leer – Teer, Paar – Haar, Speer –Heer

2

der Teer:	teerverdreckt, Teerbelag, Teermaschine
der Kaffee:	Kaffeemilch, Kaffeesahne, Kaffeelöffel
die Waage:	Waagschale, Gewichtswaage, Obstwaage
das Beet:	das Blumenbeet, die Beeteinfassung, das Gemüsebeet
das Moor:	das Hochmoor, das Moorgebiet, die Moorpflanze
die Idee:	ideenreich, Ideenklau, Ideenvielfalt
die Saat:	das Saatgut, die Frühjahrssaat, die Wintersaat
die Beere:	beerenreich, die Blaubeeren, der Beerenstrauch

3 aa: Paar, Haar, Aal, Staat, Saal, Waage
ee: Kaffee, Fee, See, Beet, Schnee, Klee, Meer, Speer, Beere
oo: Zoo, Moos, Boot, Moor

4 Moos, Haar, Boot, Zoo, Idee, Paar, Beere, Schnee

5 Pool, cool, Shampoo

Fehler-Check

Seite 45

Sehenswertes in der Eifel

Die Eifel hat neben vielen Burgen und Schlössern auch noch andere Sehenswürdigkeiten zu bieten: die zahlreichen Seen, Maare sowie Moore. Die Maare prägen das Landschaftsbild der Vulkaneifel. Sie sind erloschene Vulkane, die sich im Verlauf der Erdgeschichte mit Wasser gefüllt haben. Es gibt Maare, die eine Tiefe von über 100 Metern erreichen.

Im Hintergrund eines Maars befindet sich oft eine vulkanisch geprägte Moorlandschaft. Das größte Moor ist das Hohe Venn, ein sogenanntes Hochmoor. Man kann es als Besucher auf Holzstegen erkunden. Dort soll es angeblich noch Waldfeen geben, die in Nebelnächten auf Kleewiesen herumgehen, ihr Spiegelbild in den einsamen Vulkanseen betrachten und am frühen Morgen auf Fischer in ihren Booten warten.

Kapitel 4: Gleich klingende Konsonanten

Die Schreibung von *das* und *dass*

Seite 47

1
a) Die neuen Nachbarn sind so fleißig, dass wir nur staunen können. (Regel 2)
b) Das Kind, das heute zu spät in die Schule gekommen ist, hat den Bus verpasst. (Regel 1)
c) Katja und Tom meinen, dass wir uns heute Abend am Kino treffen könnten. (Regel 2)
d) Er beschließt, dass (Regel 2) wir keine Hausaufgaben aufbekommen, da wir das (Regel 1), was wir im Unterricht behandelt haben, gut verstanden haben.
e) Wir laufen mit unseren Eltern auf dem Maar, das gestern fürs Eislaufen freigegeben wurde. (Regel 1)
f) Tina liest neuerdings ein Buch, das ich ihr bereits vor einem Jahr geschenkt habe. (Regel 1)
g) Der Hund bellt so laut, dass wir schnell zur Haustür laufen, um zu sehen, was da los ist. (Regel 2)
h) Tim hat zum elften Geburtstag das Fahrrad bekommen, das er sich schon so lange gewünscht hat. (Regel 1)

Seite 48

2
b) Wir besuchen das Mädchen, das neu in unserer Schule ist. (Regel 1)
c) Die Freunde warten so lange, dass sie unruhig werden. (Regel 2)
d) Lara erinnert sich daran, dass er sie gewarnt hat. (Regel 2)
e) Jannik glaubt an das Versprechen, das er ihm gegeben hat. (Regel 1)
f) Findet das Versteck, das wir im letzten Sommer zusammen gebaut haben. (Regel 1)
g) Wahrscheinlich kann es passieren, dass Marita etwas später zum Training kommt. (Regel 2)

Lösungen

Seite 49

Fehler-Check

Frühlingsboten
Weidenkätzchen sind die ersten, flauschigen Frühlingsboten der Natur. Sie blühen ab Anfang März, das bedeutet, dass die Honigbienen endlich eine rettende Nahrungsquelle haben. Und das ist besonders wichtig, da 80 % aller Pflanzenarten von der Bienenbestäubung abhängig sind. Das macht das Weidenkätzchen zum sogenannten Nahrungslieferanten. Der Zitronenfalter ist das Tier, das zu den allerersten Frühlingsboten zählt. Sein Vorteil gegenüber anderen Schmetterlingen besteht darin, dass er vollkommen ungeschützt an einem Zweig überwintern kann. Mithilfe seines speziellen Blutes, das aus einem Alkohol-Zucker-Gemisch und Eiweißstoffen besteht, überlebt er Nächte bei minus 20 Grad.
Unüberhörbar ist das Frühlingskonzert der Singvögel. Einige Vogelmännchen sind nun mit vollen Schnäbeln unterwegs, um das Weibchen zu füttern, das bereits im März die Eier bebrütet.

Die s-Laute

Seite 51

1 a) das Fass – die Fässer
der Fluss – die Flüsse
der Kuss – die Küsse
die Tasse – die Tassen
die Klasse – die Klassen
das Lasso – die Lassos
die Gasse – die Gassen
die Masse – die Massen

2 Mögliche Lösungen:
Gruß: (be)grüßen, die Grußkarte, die Grußformel, viele Grüße
Maß: maßvoll, sich mäßigen, das Maßband, in vollem Maße, Maß nehmen
groß: vergrößern, die Größe, die Großbaustelle, großräumig

3 Fleiß – heiß
niesen – vermiesen
Flosse – Gosse
Masse – Kasse
Nase – Vase
Fluss – Kuss
süßen – grüßen
Kasse – Tasse
heißen – reißen
nass – blass
Pass – Fass
Kies – Spieß (!)

4 der Fußball
das Hindernis
die Schwanzflosse
aufweisen
die Kasse
der Spaß
das Verhältnis
eisig
passen
der Süßwasserfisch
das Zeugnis
zerreißen

Seite 52

5 Individuelle Lösungen. Hier einige mögliche Beispiele:
Wasser: der Wasserkessel, das Wasserbett, der Wassermangel, der Wasserhahn, das Wasserhuhn etc.
Fluss: das Flussbett, der Flusslauf, die Flussaue, das Flussufer, die Flusslandschaft, die Flussschiffahrt/Fluss-Schiffahrt etc.

6 a) die Zeugnisse – das Zeugnis
die Verhältnisse – das Verhältnis
die Hindernisse – das Hindernis
die Bildnisse – das Bildnis
die Ereignisse – das Ereignis
die Gefängnisse – das Gefängnis
die Geständnisse – das Geständnis
b) Individuelle Lösungen

7

Infinitiv	Präsens	Präteritum
messen	ich messe	er maß
fassen	du fasst	sie fasste
lesen	es liest	sie las

8 Korrektur des Fehlertextes von Seite 50:

Die größte Heizung der Welt
Frankreich, Deutschland, Belgien und andere Länder müssten genauso wie Kanada oder Russland sechs Monate von Eis und Schnee bedeckt sein. Doch anders als bei diesen Ländern profitieren wir von der größten Heizung der Welt: dem Golfstrom. Dieser „Meeres-Fluss" im Atlantik transportiert warmes Wasser aus der Karibik nach Europa. Dieses erwärmt unser Klima um etwa fünf bis zehn Grad Celsius.

Fehler-Check

Seite 53

Das Fußballspiel (3)
Am Sonntagnachmittag liest (1) Paul plötzlich in der Zeitung, dass (Konjunktion, Regel 2 von Seite 46) um 15.00 Uhr ein Fußballspiel (3) zwischen den Mannschaften seines Ortes (1) und des Nachbarortes (1) stattfinden soll (1). Er stieß (3) durch Zufall beim Lesen (1) der Wochenendnachrichten auf diese (1) Notiz. Schnell raste (1) er zur Straßenbahn (3), um ja rechtzeitig zum Anpfiff auf dem Sportplatz im Stadion zu sein (1).
Endlich hatte er die Haltestelle „Zum Stadion" erreicht. Doch was (1) war das (1)? Alle Türen des Stadions (1) waren verschlossen (2). Keine Fans (1) davor? Verwundert und ratlos (1) schaut Paul sich um. Da liest (1) er plötzlich etwas (1) auf einem Plakat. Mit großen (3) Buchstaben steht dort das Datum des (1) kommenden Wochenendes (1). Verdrießlich (3) und missgelaunt (2) fährt er wieder nach Hause (1).

Konsonanten: *b* oder *p*, *g* oder *k*, *d* oder *t*?

Seite 54

1 a)

er tobt	–	toben	du gibst	–	geben
ich mag	–	mögen	wir denken	–	denken
er parkt	–	parken	sie winkt	–	winken

Seite 55

2

b) der weite Weg	Der Weg bis zum Wald ist weit.
c) der starke Junge	Der Junge aus der 8a ist sehr stark.
d) das gesunde Kätzchen	Das Kätzchen von Tina ist immer noch sehr gesund.
e) der spannende Film	Der Film, den wir gestern gesehen haben, war sehr spannend.
f) die lästige Mücke	Die Mücke in unserem Zimmer ist sehr lästig.
g) das lange Gespräch	Unser Gespräch mit dem Rektor dauerte lang.

Lösungen

Seite 56

3 a) der Herd – die Herde
das Pferd – die Pferde
der Schrank – die Schränke
der Bezirk – die Bezirke
der Bart – die Bärte
die Gegend – die Gegenden
der Schmied – die Schmiede
das Kalb – die Kälber
die Hand – die Hände
der Zwerg – die Zwerge
b) Individuelle Lösungen

4 spannend – spannender
trüb – trüber
bunt – bunter
blank – blanker
laut – lauter
schräg – schräger
elend – elender
fremd – fremder
stark – stärker
wund – wunder

5 a) Schlagsahne
Staubsauger
Herdklappe
Ofenbank
Gipsverband
erfolgreich
Wasserkrug
Schubkarre
Küchenschrank
Uhrwerk
Verbandskasten
Schranktür
Holzverschlag
Bildband
Meeresstrand
b) Individuelle Lösungen

Seite 57

Fehler-Check

Der Rabe und seine List

Es war einmal ein großer, stolzer und starker Rabe. Er lebte in einem weiten, riesigen Garten am Rande eines Waldes. Eines Tages fand der Rabe in diesem Garten einen großen, runden Krug. In diesem Krug befand sich ein gut duftender Brei, den die Besitzer für den Hund Rex gekocht hatten. Doch der Rabe konnte mit seinem Schnabel nicht in das Innere des Kruges gelangen. Da niemand in der Gegend war, schlug er heftig mit seinen Flügeln, sodass das Gefäß umfiel. Nun konnte der listige Kerl genüsslich an den Brei gelangen und fraß sich dick und rund.

Seite 59

Die f-Laute: *f, ff, v, ph, pf*

1 a) versehen
veralbern
vertauschen
verbieten
verdutzen
versorgen
vererben
Versäumnis
b) und c) Individuelle Lösungen

2 der Vogelkäfig
die Vase
die Fliege
das Flugzeug
das Parfüm
der Vatertag
der Verband
der Vers
der Friseur

3 1. Teil eines Gedichtes — STROPHE
2. Siegeszeichen — TROPHÄHE
3. Unterrichtsfach — PHYSIK
4. Straßenbelag — ASPHALT
5. „Denker“, Gelehrter — PHILOSOPH
6. schlimmes Ereignis — KATASTROPHE
7. das ABC — ALPHABET
8. Herrscher im alten Ägypten — PHARAO

Seite 60

4 Individuelle Lösungen. Einige mögliche Beispiele:
Fuchs: Fuchsbau, Fuchsschwanz, gefuchst, fuchsrot
Frieden: friedlich, Friedenspfeife, befrieden, Friedensvertrag
Freund: freundlich, Freundschaft, Freundeskreis
usw.

Fehler-Check

Über die Vielfalt von Hunderassen

Es gibt viele Hunderassen, so ungefähr 300 verschiedene Arten. Der größte Vertreter dieser weitverzweigten Sippschaft ist der Irische Wolfshund. Natürlich gibt es eine vielfältige Auswahl an Büchern, in denen viele Rassen beschrieben werden: pfiffige, pflegeleichte oder verspielte.
Die Hunderassen sind dort alphabetisch aufgeführt, nach Abstammung oder Verwendungszweck geordnet. Viele Hundefreunde interessieren sich noch vordergründig für die charakterlichen Eigenschaften. Verständlicherweise interessieren sich die meisten für Fragen und Probleme, die sich aus dem täglichen Zusammenleben mit dem Hund ergeben. Ein Hund muss in jedem Fall hören, wenn man nach ihm pfeift und den Befehlen seiner Besitzer gehorchen.

Z, zz oder *tz, k, kk* oder *ck*?

Seite 62

1 a)

Z	U	C	K	E	R	K	N	I	C	K	E	N
A	P	G	U	C	K	E	A	I	S	I	O	E
C	A	C	C	B	L	I	C	K	T	C	A	C
K	C	B	K	O	E	C	K	E	Ü	K	D	K
E	K	A	U	T	T	N	E	L	C	E	I	E
N	B	A	C	K	E	S	N	F	K	R	E	N
W	E	C	K	E	R	E	C	K	E	X	T	Z

b) Individuelle Lösungen

Lösungen

2 a) Nach einer Pizza schmeckt mir ein Mokka gut.
b) Die Razzia im Bahnhofsviertel erschreckte alle Nachbarn.
c) Der Stecker vom Akkuladegerät ist noch im Gepäck.
d) Das Frühstück schmeckt immer lecker.
e) Der Bäcker backt seinen Kuchen zuckersüß.
f) Der Wecker weckte uns viel zu früh.
g) Am Ende der Wegstrecke versteckten wir uns.

3 Schreck – schreckhaft – schrecklich – Schreckstarre
Speck – speckig – Speckschwarte – Speckstein
Deck – decken – Kassettendeck – Schiffsdeck
Reck – recken – reckenhaft – Reckturnen
Fleck – fleckig – Fleckenreiniger – Fleckenspray
Dreck – dreckig – Dreckspatz – verdreckt
Leck – lecken – Lecksuche – lecker
Heck – hecken – Hecke – Heckspoiler

Seite 63

4 Mamas Nagellack nehmen
jemand mit einem Witz necken
frische Erdbeeren einzuckern
dreckige Turnschuhe putzen
gern Würstchen brutzeln
ein schmerzender Backenzahn
Plätzchen backen
lustige Fratzen schneiden
den Rucksack packen

5 sitzen – der Sitz
ritzen – die Ritze
hetzen – die Hatz
platzen – der Platz
setzen – der Sitz
strecken – die Strecke

melken – der Melker
backen – der Bäcker
sacken – der Sack
blicken – der Blick
verstecken – das Versteck
entdecken – die Entdeckung

Seite 64

Fehler-Check

Max hat eine Verletzung

Nach dem Frühstück machte Max mit seinem Freund Tom eine Wanderung. Sie packten den Rucksack mit frisch gebackenem Kuchen und leckeren Getränken. Dann wanderten sie direkt in das nahe gelegene Waldstück.
Dort kletterten sie den Berg hinauf und verletzen sich dabei an den Dornenhecken, welche den Boden bedeckten. Max fühlte im rechten Bein einen entsetzlichen Schmerz. Tom rief entsetzt: „Du musst direkt zum Arzt!“ Doch sie hatten bereits eine lange Wegstrecke hinter sich. Zum Glück hatte Tom sein Handy im Gepäck. Und auch der Akku war geladen.

Vor- und Nachsilben: *ent, end, ig, ich* und andere

Seite 66

1 a) und b)

entsetzlich	unterhaltbar	aussetzen	behalten
besetzt	Unterhaltung	Fortsetzung	Anhalter

2 a) bedürfen / Bedürfnis — bearbeiten / Bearbeitung
erlauben / Erlaubnis — achten / Achtung
ereignen / Ereignis — lesen / Lesung

3 a) Adjektive: hastig, nebelig, natürlich, vorsichtig, wunderlich/wundersam, fürchterlich/furchtsam/furchtlos, sparsam, wunderbar, blumig, ängstlich
b) Individuelle Lösungen.

Fehler-Check

Seite 67

Der Endspurt führte zum Sieg
Endlich findet das angekündigte Sportfest statt. Mit großer Spannung wird der Endlauf der besten Sprinter unserer Schule erwartet. Als der Startschuss fällt, liegen Peter und Ben sofort vorn. Sie lassen die anderen Läufer in großer Entfernung hinter sich. Dann kommt die Entscheidung. In letzter Sekunde zieht Ben an Peter vorbei ins Ziel. Die Enttäuschung bei Peter ist groß.
Ben entschuldigt sich bei ihm. Doch Peter meint: „So entsetzlich es für mich auch ist, aber dein Endspurt war super!“ Alle sind sich einig, beide Sportler sind würdig, eine Urkunde zu erhalten. Der Rektor fordert die beiden freundlich auf, auf die Tribüne zu kommen: „Wir gratulieren euch herzlich! Mit ein wenig Glück und gutem Training kann es jeder schaffen. Also: Seid immer sportlich aktiv!“ Freudig und glücklich verlassen beide die Tribüne. Die Veranstaltung ist beendet.

Kapitel 5: Welches Satzzeichen gehört wohin?

Die Satzschlusszeichen

Seite 69

1 a) Wir wollen heute Abend grillen. / Heute Abend wollen wir grillen.
b) Thomas spielt mit seinem kleinen Bruder Ball. / Mit seinem kleinen Bruder spielt Thomas Ball.
c) Morgen singt Katja beim Chorauftritt. / Katja singt morgen beim Chorauftritt.
d) Wir fahren nächste Woche in den Urlaub nach Rom. / Nächste Woche fahren wir in den Urlaub nach Rom.

Seite 70

2 a) Vogeleltern versorgen ihre Jungen, auch wenn sie aus dem Nest gefallen sind.
b) Lasst die kleinen Nestflüchtigen an Ort und Stelle!
c) Bitte setzt Vögel, die auf einer Straße hocken, abseits an eine geschützte Stelle!
d) Wenn ein kleiner Vogel völlig verhungert und durchnässt ist, sollte man ihn mitnehmen.

Lösungen

3 a) Wie oft rufst du mich an?
b) Erinnerst du dich etwa nicht!/?
c) Kommst du mal sofort her!
d) Was essen wir heute zum Abendbrot?
e) Gehen wir dann zum Nachbarn?
f) Machst du bitte die Tür zu!

Seite 71

Fehler-Check

Wie füttert man Vogelkinder richtig?
Wer ein Vogelkind aufziehen will, muss viel Zeit mitbringen. Die Tiere erleiden schwerste Schäden, wenn die richtigen Fütterungsabstände nicht eingehalten werden. Futter für Singvögel kann ein zerkleinerter Haferbrei, Magerquark oder geriebener Zwieback sein. Doch wie oft sollte man füttern? Experten raten, den kleinen Piepmätzen alle halbe Stunde das Futter mit einer Pinzette zu verabreichen. Und was ist mit kleinem Getier als Futterbeimengung? Fliegen, Spinnen und Raupen können ebenso in den Futterbrei.

Das Komma zwischen Hauptsätzen

Seite 73

1 a) Der Esel ging schon eine Weile, **da** fand er einen Jagdhund am Wege.
b) Der Jagdhund lag jämmerlich dort, er heulte laut.
c) Er heulte, **denn** sein Herr wollte ihn erschießen lassen, **da** er angeblich nichts taugte.
d) **Da** er erschossen werden sollte, hatte er Reißaus genommen.
e) Er fragte sich, **wie** es weitergehen solle.
f) Der Esel munterte ihn auf, **denn** er forderte ihn auf mitzukommen.
g) Der Esel wollte in Bremen die Laute spielen(,) **und** der Hund sollte die Pauke schlagen.
h) Damit war der Jagdhund einverstanden, **da** gingen sie zusammen weiter.
i) Die zwei fassten gemeinsam neuen Mut, sie waren gut gelaunt.
j) Sie gingen zügig und sahen weit in der Ferne die Türme der Stadt. (Kein Komma, ein einziger Hauptsatz!)

Seite 74

2 Die Katze konnte keine Mäuse mehr jagen, **da** wollte die Frau sie ersäufen./Da die Katze keine Mäuse mehr jagen konnte, wollte die Frau sie ersäufen.
Sie wollte davonschleichen, **denn** sie war ratlos und traurig.
Der Esel und der Hund trösteten sie, **denn** sie luden die Katze ein mitzukommen.
Die Katze fand die Idee gut, **denn** sie wollten in Bremen Nachtmusik machen.
Ein Haushahn saß an einem Hof auf dem Tor, **doch** er war nicht froh.
Der Haushahn hatte Angst, **denn** die Köchin hatte seinen Tod befohlen.

Fehler-Check

Seite 75

Die vier Stadtmusikanten

Der Hahn wurde vom Esel aufgefordert mitzukommen, **da** er von der Bäuerin seines Hofes geschlachtet werden sollte. Die Gäste würden den Hahn zum Mittagessen bekommen, **da** solle er lieber aus vollem Hals schreien und in Bremen auftreten. Der Hahn willigte ein, **denn** er fand den Vorschlag herrlich. Er freute sich auf Bremen, **da** er musizieren wollte. Sie konnten die Stadt nicht an einem Tag erreichen, **doch** auch da hatten sie eine Idee. Sie kamen abends in einen Wald, dort wollten sie übernachten. Der Esel und der Hund legten sich unter einen großen Baum (,) und die Katze kletterte auf einen Ast. Der Hahn flog bis in den Wipfel, dort war es für ihn am sichersten. Der Mond schien (,) und die Sterne funkelten. Langsam wurden die Tiere müde und wollten von der großen Stadt träumen. (Achtung: Der letzte Satz ist ein einziger Hauptsatz, denn im zweiten Teil nach „und" fehlt das Subjekt.)

Das Komma zwischen Haupt- und Nebensatz

Seite 78

1 a) + b) Einleitewort und Prädikat: rot, Nebensatz: unterstrichen.
Sie **kamen** an ein Haus, **das** genau vor ihnen **stand**.
Weil der Esel am größten **war**, **konnte** er durch eines der Fenster **schauen**.
Er **rief** erschrocken, **dass** im Haus Räuber **seien**.
Der Esel **erzählte**, **dass** er einen Tisch **sehen könne**, **der** mit Essen und Trinken **gedeckt sei**.
Die Räuber, **welche** um den Tisch **herum saßen**, **ließen** es sich gut **gehen**.
Da **sprach** der Hahn, **dass** das etwas für sie vier **wäre**.
Daraufhin **überlegten** die Tiere, **was** sie **tun könnten**.
Nachdem sie **nachgedacht hatten**, **ist** ihnen etwas Tolles **eingefallen**.

Seite 79

2 a) Nachdem der Esel das getan hatte, kletterte der Hund auf seinen Rücken.
Als der Hund gerade stand, setzte sich die Katze auf ihn.
Weil der Hahn der Kleinste war, flog er auf den Kopf der Katze.
Sie fingen auf ein Zeichen an zu musizieren, sodass sich die Räuber furchtbar erschraken.
Die Räuber verließen schreiend das Haus, weil die Tiere lautstark musizierten.

3 Relativpronomen = rot
a) Der Hund, **welcher** halb verhungert war, folgte den Freunden.
b) Die Katze, **die** keine Mäuse mehr fing, gesellte sich zu den beiden.
c) Und der Hahn, **der** im Suppentopf landen sollte, war glücklich(,) weiterleben zu dürfen.
d) Die vier Tiere, **die** sich sofort einig waren, zogen nach Bremen.
e) Der Wald, **den** sie durchqueren mussten, war sehr groß.
f) Sie erblickten ein Haus, **aus welchem** laute Geräusche kamen.
g) Das Haus, **das** den Räubern gehörte, sollte ihre Nachtherberge werden.

Lösungen

Fehler-Check

Seite 80

Die Bremer Stadtmusikanten

(Die Nebensätze sind unterstrichen.)

Nachdem sie alle vier so laut geschrien und musiziert hatten, stürzten sie durch das Fenster in die Stube hinein. Die Räuber erschraken sich derartig, dass sie mit lautem Gebrüll in die Höhe fuhren. Sie meinten, ein Gespenst käme herein. Daraufhin flohen sie in großer Furcht in den Wald hinaus, wo sie um ihr Leben liefen. Die vier Gesellen setzen sich an den Tisch, welcher ja reichlich mit edelsten Speisen gedeckt war. Jeder aß nach Herzenslust von den Speisen, die ihm am besten schmeckten. Als sie fertig waren, löschten sie das Licht aus. Der Esel meinte, dass sich jeder eine Schlafstelle nach seinem Geschmack aussuchen solle. Der Esel legte sich auf den Mist, da verkroch sich der Hund hinter der Tür. Weil die Katze es warm haben wollte, rollte sie sich auf dem warmen Herd zusammen. Der Hahn flog auf das Dach.

Kommas und Zeichensetzung bei wörtlicher Rede

Seite 82

1 b) und c)

- Opa singt: „Wenn der weiße Flieder wieder blüht!“
  „Wenn der weiße Flieder wieder blüht!“, singt Opa.
- Papa schimpft: „Der Grill ist ja noch schmutzig!“
  „Der Grill ist ja noch schmutzig!“, schimpft Papa.
- Tanja lacht: „So einen lustigen Film habe ich lange nicht gesehen!“
  „So einen lustigen Film habe ich lange nicht gesehen!“, lacht Tanja.
- Uta sagt: „Heute Abend grillen wir Steaks.“
  „Heute Abend grillen wir Steaks.“, sagt Uta.
- Der Verkäufer fragt: „Passt dir diese Jeanshose?“
  „Passt dir diese Jeanshose?“, fragt der Verkäufer.
- Mama ruft: „Die Steaks sind fertig!“
  „Die Steaks sind fertig!“, ruft Mama.

Seite 83

2 Uta ruft Tanja an: „Stimmt es, dass wir bald einen Aufsatz schreiben?“
„Ja, wir schreiben einen Märchen-Text“, antwortet Tanja.
„Können wir uns das Märchen selbst ausdenken?“, fragt Uta.
„Den größten Teil schon“, meint Tanja, „wir bekommen nur einen Märchenanfang vorgegeben.“
„Hoffentlich kommt dort auch etwas mit einem Prinz vor!“, lacht Uta.

3 wörtliche Rede: unterstrichen — Redebegleitsätze: *kursiv*

a)	„Toll“, *antwortete Hannes*, „wieso fragst du?“	eingeschoben
b)	*Theo blickt ihn an*: „Ach, nur so!“	vorangestellt
c)	„Und wie war dein Tag?“, *fragt Hannes*.	nachgestellt
d)	„Wir hatten heute viel Stress“, *antwortete Theo*, „weil wir einen Aufsatz geschrieben haben.“	eingeschoben
e)	*Hannes fragt*: „Über welches Thema?“	vorangestellt
f)	„Über Märchen ...!“, *antwortet Theo*.	nachgestellt

4 a) Luis rief begeistert: „Mir macht es Spaß, mir Märchen und Geschichten auszudenken."
b) Nachgestellter Redebegleitsatz: „Mir macht es Spaß, mir Märchen und Geschichten auszudenken.", rief Luis begeistert.
Eingeschobener Redebegleitsatz: „Mir macht es Spaß", rief Luis begeistert, „mir Märchen und Geschichten auszudenken."

Fehler-Check

Seite 84

Die Räuber kehren zurück
Die Bremer Stadtmusikanten schliefen nach einem guten Mahl genüsslich ein. „Schön, so gut gegessen zu haben", dachte sich der Esel und schloss zufrieden die Augen. Die Räuber jedoch beobachteten ihr Räuberhaus aus sicherer Entfernung. „Seht doch", murmelte einer, „im Haus brennt kein Licht mehr." „Wir hätten uns doch nicht so einfach ins Bockshorn jagen lassen sollen!", sprach der Hauptmann. Und zu einem seiner Räuber rief er: „Sieh nach, ob jemand im Haus ist." In der Küche wollte der Räuber ein Schwefelhölzchen an glühenden Kohlenaugen anzünden. Da sprang ihm die Katze ins Gesicht und kratzte ihn: „Hier, du garstiger Räuber." Der Hund biss ihn ins Bein. „Aua, verdammt du Ungeheuer!" Der Räuber rannte aus dem Haus. Dort bekam er vom Esel noch einen Tritt. Und der Hahn schrie: „Kikerikie! Kikerikie!"

Kapitel 6: Wie trennt man richtig?

Seite 86

1

wir pfiffen – wir pfeifen	pfif-fen	pfei-fen
stellen – stehlen	stel-len	steh-len
die Rassen – Rasen	Ras-sen	Ra-sen
Schwämme – Schwärme	Schwäm-me	Schwär-me
die Kämme – sie käme	Käm-me	kä-me
die Kelle – die Kehle	Kel-le	Keh-le
wissen – die Wiesen	wis-sen	Wie-sen

Seite 87

2 Zu-cker, me-ckern, dick, Bä-cker, ro-cken, le-cker, Rock, Ro-cker, ni-cken, Ho-cker, Acker, Zi-cke, le-cken, Krü-cke / Krü-cken, He-cke, Ba-cke, sa-cken

3 Ket/te, Trop/fen, Hit/ze, Karp/fen, Deut/scher, Stra/ße, Au/ge, Be/steck, Pap/pe, Sa/chen, Städ/te, Müt/ze, Kas/ten, Hop/fen, Kis/te, Het/ze

4

hin-auf	oder	hi-nauf	Sig-nal	oder	Si-gnal
ein-an-der	oder	ei-nan-der	Mag-net	oder	Ma-gnet
wa-rum	oder	war-um	Feb-ruar	oder	Fe-bru-ar
dar-um	oder	da-rum	Zyk-lus	oder	Zy-klus

L

Lösungen

Seite 88

5

Ank-er	An-ker	Mus-ik	Mu-sik
Wäs-che	Wä-sche	Hot-el	Ho-tel
Tasch-e	Ta-sche	Loc-ke	Lo-cke
Ka-tze	Kat-ze	Ta-tze	Tat-ze
Tro-pfen	Trop-fen	Risp-e	Ris-pe
Eb-er	Eber	Fa-brik	Fab-rik

6 Spiel-er-öff-nung, Bau-er-zeug-nis-se, Buch-ein-band, Tee-ern-te, Bild-er-klä-rung, Tee-baum-plan-ta-ge, Blu-men-topf-er-de, Kaf-fee-ge-nuss, Wasch-an-la-ge, Mee-res-fisch-e, Zoo-or-ches-ter, Fluss-sand

7

Computerbildschirm	Com-pu-ter-bild-schirm
Postbriefkastenentleerung	Post-brief-kas-ten-ent-lee-rung
Briefmarkensammelalbum	Brief-mar-ken-sam-mel-al-bum
Seifenkistenrennen	Sei-fen-kis-ten-ren-nen
Regenschirmständer	Re-gen-schirm-stän-der

Seite 89

8

ENREßI	rei-ßen	EÄUBM	Bäu-me	ERRATS	Star-re
EATZT	Tat-ze	LENHTSUHL	Lehn-stuhl	LEMMES	Sem-mel
LÖTEBUAME	Öl-baum	FERKÄ	Kä-fer	NMUMRSOLE	Los-num-mer

9
a) Pfef-fer-kö-r-ner
Pfef-fer-kör-ner
Pfe-f-f-erk-ör-ner

b) A-qua-r-ium
A-qua-ri-um
Aqua-ri-um

c) Zu-cker-ku-chen
Zuc-ker-kuc-hen
Zu-cker-ku-ch-en

d) Co-mp-u-ter-tasta-tur
Com-pu-ter-tas-ta-tur
Compu-ter-tasta-tur

Seite 90

Fehler-Check

Hier die richtigen Lösungen:

a) ele-gant
b) Tisch-kan-te
c) Zu-cker-do-se
d) Ten-nis-schlä-ger
e) Sport-ruck-sack
f) Wit-ze-er-zäh-ler
g) Lan-ge-wei-le
h) Rie-sen-rad
i) zi-schen
j) Kat-zen-korb
k) Som-mer-fest
l) Igel
m) Kar-pfen-teich
n) Na-gel-fei-le
o) Du-sche
p) Ter-min-ka-len-der

Kapitel 7: Achtung, Fremdwörter!

Seite 92

1 a) **englischer Herkunft**

Chip, Sweatshirt, Laptop, Couch, Joystick, Skateboard, Jazz, Song, Beat, Top Ten, Comic

französischer Herkunft

Toilette, Pinzette, Garderobe, Charme, Garage, Ingenieur, Serviette, Baguette, Croissant, Chanson, Friseur, Jalousie, Massage, Masseur

Seite 93

2 a) Thema – Chip – Croissant – Apotheke – Mathematik – Theater – Strophe – Physik – Katastrophe – Rharbarber – Rhein – Chemie – Disco – Therapie – Alphabet – Videothek – Thema – Comic – Mikrophon – Chemie

3 a)

Charme (sch)	Chanson (sch)	Chaos (k)
Chemie (ch)	Chronik (k)	Chlor (k)
Chirurg (ch)	Chiffre (sch)	Christmesse (k)
Chauffeur (sch)	Charakter (k)	Orchester (k)
China (ch)	Chor (k)	Chronik (k)

4 a) Chef b) Champignon c) Chauffeur
d) Chicorée e) Chiffre f) Christbaum

Seite 94

5 Datei – Buffet (auch: Büffet) – Parkett – Portmonee (auch: Portemonnaie) – Pubertät – Kriminalität – Spion – Blamage – Magie – Partie – Jongleur – Technik – Optik – aktiv – Garage

6 a) massieren – Massage, operieren – Operation, dekorieren – Dekoration, konzentrieren – Konzentration, organisieren – Organisation, informieren – Information, applaudieren – Applaus, konstruieren – Konstruktion, Illustrieren – Illustration, installieren – Installation, transformieren – Transformation, addieren – Addition

b) Mögliche Lösungen:

-ieren	-tion	-eur	-ik
konstruieren	Konstruktion	Konstrukteur	
informieren	Information		Informatik
operieren	Operation	Operateur	
massieren		Masseur	
installieren	Installation	Installateur	
			Physik
			Kritik
			Botanik

7 a) Alle Wörter sind so geschrieben, wie man sie ausspricht.
b) Nation: Volksgemeinschaft
Soße (auch: Sauce): für Fleisch, Gemüse
Balance: Gleichgewicht
Garage: Unterstellmöglichkeit für Pkw
Page: Bediensteter im Hotel
Gendarm: veraltet für Polizist
Make up: Schminke
Service: Dienst, Dienstleistung
Job: Arbeit / Shop: Geschäft
Song: Lied
Gelee: Fruchtaufstrich
Physik: Naturwissenschaft
Etage: Stockwerk
Ration: Menge, Portion

Lösungen

Seite 95

8 a) Fotografie – Photographie
Geografie – Geographie
Saxofon – Saxophon
Biographie – Biografie
Grafik – Graphik
Paragraf – Paragraph
Mikrofon – Mikrophon
Delphin – Delfin

Fehler-Check

a) Eine Dynastie ist ein Herrschergeschlecht, so wie die Windsors in England.
b) Im Labor werden die Stoffe unter dem Mikroskop untersucht.
c) In ihrem Atelier malt und töpfert die Künstlergruppe.
d) Bereits im Fach NAWI beschäftigen sich die Schüler mit der Chemie und Physik.
e) Wer krank ist, sollte sich einer Therapie unterziehen.
f) Der Ingenieur entwickelt zum Beispiel Maschinen.
g) Wir singen gemeinsam im Chor unserer Schule.
h) Der Masseur hat die Massage so gut durchgeführt, dass die Schmerzen verschwunden sind.

Kapitel 8: Häufig falsch geschriebene Wörter

Seite 97

1 a) Die Hauptstadt von Deutschland heißt Berlin.
b) In jeder Großstadt gibt es einen massiven Stadtverkehr.
c) Statt nur am PC zu sitzen, solltest du dich auch mal verabreden.
d) Köln ist eine weltbekannte Domstadt, wo jedes Jahr ein großer Karnevalsumzug stattfindet.
e) In der Werkstatt meines Onkels kann man schreinern und bauen.
f) (...) Die Stadtbevölkerung von Leipzig ist stattdessen rasant gewachsen.
g) In Weimar befindet sich die Gedenkstätte für das KZ Buchenwald.

2 Individuelle Lösungen

Seite 98

3 Mögliche Lösungen:
weinerlich – das weinerliche Baby
gnädig – der gnädige Herrscher
artige – der artige Welpe
eckig – der eckige Tisch
schriftlich – der schriftliche Test
herrlich – der herrliche Morgen
dunstig – das dunstige Wetter
heilig – das heilige Buch
farbig – das farbige Pony
salzig – das salzige Essen
durstig – der durstige Vater
eilig – das eilige Urteil
lächerlich – die lächerliche Verwechslung
versehentlich – das versehentliche Ereignis
großzügig – der großzügige Chef
ängstlich – das ängstliche Kaninchen
freundlich – die freundlichen Nachbarn

Seite 99

4 a) Der Tiger wurde wider seinen Willen eingesperrt.
b) Der Widerstand der Soldaten war zwecklos.
c) Die Kuh ist ein Säugetier und gehört zu den Wiederkäuern.
d) Das Eiscafe „Dolomiti" ist endlich wieder eröffnet.
e) Wir widerrufen unsere Aussage vor Gericht.
f) Die Zeugenaussagen haben sich widersprochen.
g) Seine ständigen Widerworte ärgerten sie schon lange.
h) Das Wiedersehen nach mehr als einem Jahr war sehr schön.
i) Dies war schon der zweite Einbruch. Die Diebe hatten es wieder versucht.
j) Sie diskutierten lange über das Für und Wider dieser Lösung.

Seite 10

5 quittung / quelle / quer / quatsch / quartett / quieken / quader / quiz / quaken / quark / gequetscht / quirlig / quere / gequollen / quadratisch

6 Individuelle Lösungen. Hier nur die Nomen mit dem jeweiligen Artikel: die Quittung, die Quelle, der Quatsch, das Quartett, das Quieken, der Quader, das Quiz, das Quaken, der Quark, die Quere.

Seite 10

7

lenkst	faxen	extra	Mixer	ängstigen	Angst
versteckst	hexen	wächst	denkst	wachsen	fliegst
gewachsen	Fax	Lachs			

Fehler-Check

a) Im späten Sommer hört man am Teich viele Frösche quaken.
b) Wir werden das Diktat wiederholt üben und es dann wiederum selbst korrigieren.
c) Zum Mittag gab es gab es frisch gefangenen Lachs mit Kartoffeln und einem Klecks Soße aus Sahne und Meerrettich.
d) Die Quarktorte von Oma schmeckt allen am besten.
e) Durch die widersprüchlichen Aussagen hat sich der Täter verraten.
f) Statt hier zu schlafen, solltest du lieber die Stadt besichtigen.
g) Es ist wie verhext, ständig fällt etwas herunter.
h) Das Stück war sehr lustig. Sie haben sich königlich amüsiert.
i) Der Widerspruch wird wieder zügig schriftlich eingereicht.